世界最強の地政学

奥山真司

文春新書

1427

はじめに

いま、書店にいけば「地政学」と題された本をよく見かける。リアルの書店だけの話でなく、大手ネット書店を覗いてみても、地政学というタイトルで検索をかけると大量にヒットするし、超入門書と銘を打ったものや、サクッと分かるという解説書、さらにはマンガによる解説書まである。日本では、いわば「地政学ブーム」というべきものが起こっていると言えるだろう。

かくいう私もそうしたブームに結果として乗っている人間の一人であり、ありがたいことにそのような解説書の出版を手伝わせていただいている。

ではなぜ地政学なのだろうか？　その最大の理由は、我々がおかれている世界の状況が混沌としており、その中でひとつの行く先のヒントを教えてくれているのが「地政学」であるように受け取られているからだろう。

地政学とはなにか。その字面だけみれば、「地理」と「政治」の関係性を調べる「学問」という風に解釈できそうだ。大雑把にいえば「地理をベースに国際政治を見る学問」のように思えるし、そのような解釈で書かれている解説書は現在、山のようにある。

ところがそのような解釈というのは、完全な間違いとは言わないが、それでも大いに本筋を見誤らせてしまう、実にミスリーディングな考え方であるといえる。なぜそこまで言い切ることができるのかといえば、それは本書の著者である私が、海外の大学でこの地政学というものを専門に研究してきたからである。

「地政学」のこのような解釈は何が問題なのだろうか？　ひとつは「学」と名前がついているのに、実はそれが「学問」であるとは言えないからだ。地政学を紹介する本の冒頭でこのようなことを読者のみなさんに主張するのは大変に心苦しいところだが、端的にいえば、**地政学は学問ではない**のである。

試しに私もいまネット（Wikipedia）で「地政学」の項目を見てみたが、ページの最初に書かれているのは「国際政治を考察するにあたって、その地理的条件を重視する学問である」というものだ。残念ながら、この記述は間違いだ。何度も言うが、地政学は「学問」ではない。

では地政学とは何なのか。この説明をする前に、私と地政学の関わりを簡単に説明させていただきたい。

私の地政学との出会いは、おそらく高校の世界史の授業を受けていたときだったと思う。先生が「地理的な位置関係によって国家の運命が変わる」ということを述べていたのがなんとなく印象に残っていたにすぎない。その後、日本で専門学校を出た後に、縁あってカナダの西海岸の大都市であるバンクーバーに留学した。数年後に大きな州立大学に編入したときに好きなコースを選べることになり、たまたま「政治地理」のクラスをとって出会ったのが「地政学」に関する知識だった。ただしこのときの先生は、地政学に対して実に批判的な態度であったことを記憶している。

この授業で地政学に対する興味が出てきた私が、ネットの黎明期に流行していた「掲示板」というものに授業の内容を書き綴っていたら、その内容を見て本にしないかといわれて、結果として地政学を紹介する本を書くことになった。それがデビュー作となった『地政学：アメリカの世界戦略地図』（五月書房）という本である。

ここからがぜん地政学について興味が湧き始めた私は、「学問的に地政学を勉強したい」という思いにかられ、色々と調べているうちにイギリスで地政学を教えているらしい人物を探し当てた。それが後に博士号取得までお世話になることになったコリン・グレイ（Colin S. Gray ２０２０年没）という学者であり、彼はイギリスとアメリカの国家戦略アドバイザーでもあった。

このグレイ教授は、そもそもはイギリス出身であり、マンチェスター大学を出てからオックスフォード大学で博士号（D.Phil.）を取得し、そこからしばらくイギリスの大学で国際政治を教えていた。後にカナダにわたり同国の国防政策を論じていたところ、アメリカの国防関係者に認められてシンクタンクの研究員となり、１９８０年代にはレーガン政権の核戦略（！）のアドバイザーになり、冷戦終結後には祖国のイギリスに帰ってきて大学で教授をやっていた。

私が出会ったのは、彼の最後の勤め先となったイギリス南部のレディング大学である。このとき彼はすでに「戦略家」（strategist）として知れ渡っていた。恥ずかしながら当時の私はただ単純に「地政学を研究させてくれる人」というイメージしかなかったのだが、彼はすでに「戦略研究」（strategic studies）という分野における大家であり、戦略研究の一部として地政学（正確には古典地政学）というものを論じていたにすぎなかった。

いまでも強烈に覚えているが、この先生に初めて会ったとき、彼のオフィスで「あなたの元で地政学を研究したい」というと、「それは分かったが、お前は地政学がどのレベルを扱っているものであるか分かっているか？」と聞かれ、私は頭が真っ白になった。そもそもそれが彼の専門とする戦略研究の一部であることや、それがどういう位置づけのものなのかが、地政学に関する本を書いていたにもかかわらず、私は全く分かっていなかったのだ。

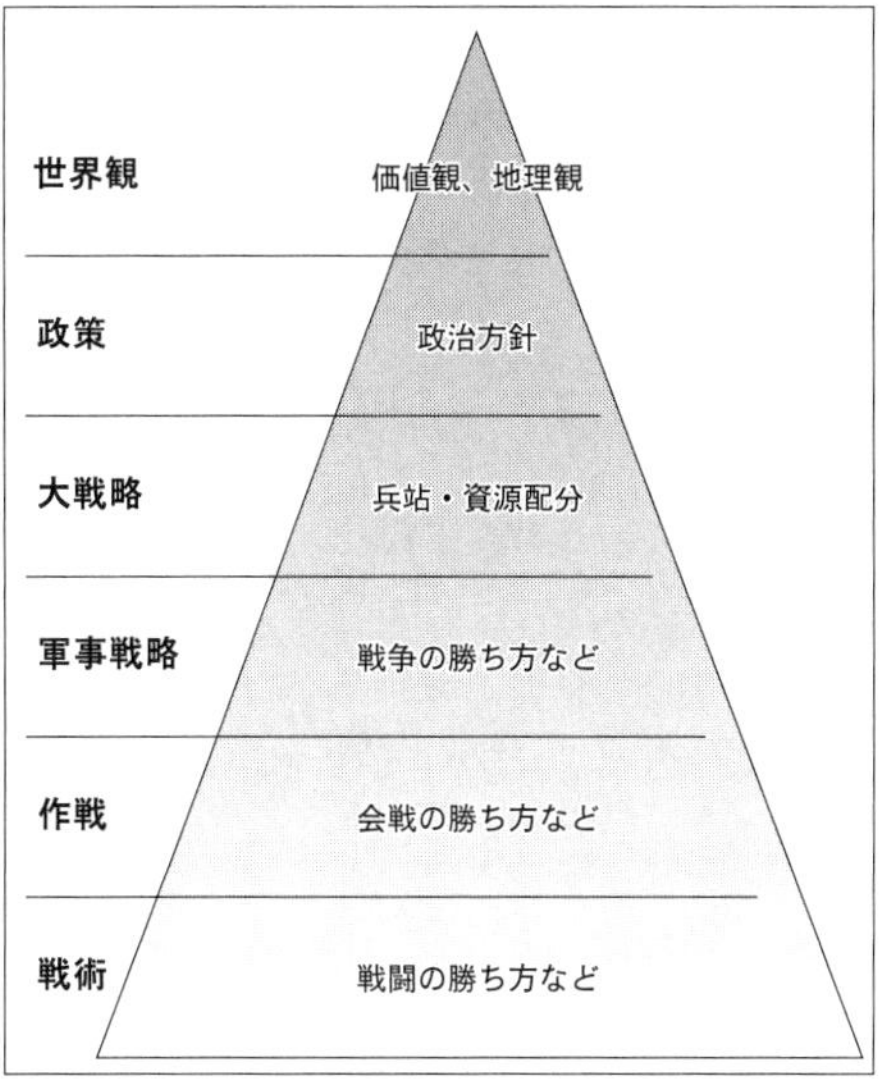

戦略の階層

すると先生は突然机のそばにあった紙ナプキンにおもむろに何本か横線を引き、なにかをごちゃごちゃと書き込んだあとに、一カ所を指して「ここだ、お前が研究するのは、このレベルの大戦略の話なのだ」と突き放すように言った（上の図）。

そのときは何のことだかさっぱり意味が分からなかったのだが、それから修士課程・博士課程とこの先生について学ぶにつれて、自分の研究対象である「地政学」のことが段々と分かってきた。それは日本の読者のみなさんがイメージしているような「世界の秘密を教えてくれる学問」という怪しいイメージの「地政学」ではなくて、どちらかといえば「国家戦略を考える際にベースとなる、地理を重視する知識の寄せ集めや視点、戦略論」ということになる。もちろんここで「地理」というのは戦略論のベースにはなるのだが、それはあくまでも戦略を考える際の主な要素のひとつでしかなく、たとえば「地理が分かれば国際政治のすべてが分かる」というような単純なものではないことは、本書を読み進めていけばお分かりいただけるはずだ。

　したがって、本書はよく見る「地政学」と銘打った本とは多少異なり、戦略論（正式には戦略研究）のアプローチを援用した「古典地政学」（Classical Geopolitics）のものの見方を、主に6つのエッセンスからなるべく分かりやすく紹介することに主眼をおいている。

　もちろん私はここで「地政学を学べば国際政治の動きのすべてが分かる」と言うつもりは毛頭ない。むしろその逆であり、ここで紹介する地政学の見方は、国際政治という図体の大きい象の、ほんの一部分だけを触っているにすぎないかもしれない。

　それでも昨今の国際関係の動きを、地政学的な視点で見ると、クリアに説明できる事象が少なくない。それは世界の指導者や安全保障・外交などの担当者たちの集合意識に、

「地理をベースとした知識や視点の集積」、すなわち地政学的なものの見方がインストールされているからだ。

国際情勢が不安定になってきている今、私はこの地政学という（体系的な学問ではないが）ものの見方は、今後の世界を考える上で一定の有用性があると思っている。

本書をお読みのみなさんに「地政学のエッセンスが分かった」と感じていただければ、本書を書いた当初の目的は達成できたといえる。

世界最強の地政学◎目次

0　「地政学」とは何か　指導者の頭の中の地図を読み解く

地政学は実践的な知の積み重ね

近年、「地政学」という言葉をさまざまなメディアで目にするようになりました。ことにロシアによるウクライナへの軍事侵攻やハマスとイスラエルの攻防、台湾有事の懸念など、国際情勢が緊張するにつれて、「地政学」というものへの関心が高まっているように思えます。

私はカナダのブリティッシュコロンビア大学で地理学を学び、英レディング大学の大学院で戦略論を学びました。地政学との付き合いは30年近くになります。

では、地政学とは何か。「学」とついていることから、経済学や歴史学のような、まとまった学問的体系があり、研究についての方法論も確立しているものを想像されるかもしれません。そこで、まず強調したいのは、

「地政学とは学問ではない」

ということです。

地政学を私なりに簡単に定義しますと、

「地理をベースとした国際政治、外交政策についてのものの見方、考え方」

ということになります。ここで重要なのは、あくまでも「考え方」であって、アカデミックで体系的な「学問」ではない、ということです。もっといえば、「学問」として整理される以前の、**より実践的な知の積み重ね**、ということになります。

さらにいえば、地政学とは、

「国家を率いる指導者や安全保障の担当者たちが、自国の安全や優位の確保を考える上での思考のパターンのひとつ」

ということになります。

現実の理解に役立つのは古典地政学

ちなみに、本書で「地政学」という場合には、「古典地政学」を指しています。「地政学とは何か」をめぐっては様々な議論があり、アカデミックな場では、本書で扱うような「国家を率いる指導者や安全保障の担当者たちが、自国の安全や優位の確保を考える上での思考のパターン」を対象にするタイプの「地政学」は、「古典地政学」、すなわち古くさい地政学とみなされて、これを批判する議論や学派（「批判地政学」といいます）がむしろ主流になっています。

しかし、のちにも詳しく述べますが、私の考えでは、**実際の国際政治や安全保障について考えるときに、今なお強い説得力をもっている**のは、アルフレッド・セイヤー・マハンやハルフォード・マッキンダーといった20世紀前半の理論家たちに源を持つ「古典地政学」のほうです。その議論や分析は、確かにおおざっぱで荒っぽい面もありますが、それだけに**実践での応用がきき、説明能力が高い**。それがなぜかは、本書を通じて論じていきたいと思いますが、一言で言うならば、**「現実の政治を動かしている指導者・担当者たちが、基本的には、古典地政学の理論枠組みで思考しているから」**ということになります。

古典地政学は**「すべてを説明する理論」などではありません**。国際社会を動かす要素は宗教、文化、その国の歴史、経済、人口構造、科学技術など、実に様々で、それらが複雑に交錯しています。地政学は、それを、「地理」を出発点とするひとつの切り口で考察する営みにすぎませんが、その知的実践の蓄積は、いまの世界を理解するうえでも、大いに役立つと考えているのです。

基本認識は「人は互いに争うもの」

古来より人間は集団をつくり、集団同士で利害の衝突を続けてきました。

「人は集団をつくり、互いに争う」

これが地政学の基本認識のひとつです。

集団同士の利害衝突を解決する方法にはさまざまなものが考えられます。話し合ってルールを決める法的アプローチもあるでしょうし、信仰や価値を共有する宗教的・文化的アプローチも考えられます。交易などを行い、どちらにも利益が生まれる関係を築く経済的アプローチもあるでしょう。これらは、それぞれに集団間の衝突を回避するのに有効な手段だといえます。

そのなかで地政学は、戦略的アプローチを重視することになります。集団の間で、共通のルールを設定したり、経済や文化を共有したりといったアプローチがうまくいかなくなった場合、どうしたらいいのか？　不幸にして、人類はしばしば武力による解決を選択してきました。

人間集団の規模やシステムが高次化したものを「国家」とするなら、国家同士の関係が「外交」「国際政治」であり、武力による解決が「戦争」になります。

この「戦争」をいかに回避・抑止するかが、「安全保障」をめぐる議論です。そして万が一、戦争が起きた場合、どのように優位を確保するかが「戦略論」だといえます。

国家間の利害衝突を解決するさまざまなアプローチがうまくいかなくなった場合、国家は戦争を起こして、それを解決することがある。残念ながら、これは現在でも変わっていない。――地政学の前提には、こうした認識があります。ですから、地政学が注目される時代は、不幸な時代だともいえるでしょう。

地理に基礎を置く理由

では、なぜ地政学は「地理」に注目するのか？　それは国家にとって地理が最も不変的な条件だからです。

教科書に書かれている「国家」の条件は3つあります。「一定の領土」「国民」「政府」です。

このうち、国民は移動できますし、政府は選挙やクーデターなどで、極端に言えば一夜のうちに変えることができます。しかし領土＝地理的条件はなかなか変わりません。日本が海に囲まれた島国であることは、万葉集、記紀の昔から、日本人に与えられた基本的条件なのです。

国際的な状況は時々刻々、さまざまに変化します。よく「国家百年の計」といいますが、次々に起きてくる「現象」を追いかけるだけでは、１００年はおろか数十年単位でも、国民の安全を確保し国家が生き残るための「戦略」を描くことはできません。

そこで、国家が置かれている環境の中でも、**変化の少ない「地理」が、戦略を考えるうえでの出発点**とされてきたのです。

世界史の中でも卓越した戦術家だったナポレオン・ボナパルトは次のような言葉を残したと言われています。

「地図を見せてみろ。あなたの国の対外戦略を当ててみせる」

軍事面においても、軍隊をどこに配置するか、兵站《へいたん》の拠点やルートをいかに確保するかなどを計画するうえで、地理的条件の把握は不可欠です。さらにいえば、気候や地質なども戦略を決定する要件のひとつとなります。

そして、軍事面だけにとどまらない、その国の外交戦略、経済戦略も、「地理」と密接な関係にあるのです。

以下に詳しく述べますが、地政学において、とくに重要な概念が、シーパワーとランドパワーです。つまり、その国が海洋での活動に重点を置いているか（シーパワー）、陸に重きを置くか（ランドパワー）。たとえば**アメリカやイギリスは代表的なシーパワー**であり、**ロシアや中国はランドパワー**ということになります。

世界観＝「頭の中の地図」

では、地政学と地理学はどこが違うか？　それが第1章で詳しく述べる「世界観」です。

先に地政学とは「地理をベースとしたものの見方」だと述べました。ここで重要なのは「ものの見方」の部分です。人間は自分の置かれた環境をベースとして、世界像を描きます。**地理（ジオグラフィ）とは「ジオ（地球）」と「グラフ（描く）」の合わさった言葉**ですが、どのように世界を見ているか、頭の中にどのような「地図」をもっているかが重要なのです。

たとえば先ほど代表的なシーパワーの国家としてイギリスを挙げました。言うまでもなくイギリスはヨーロッパ大陸の西側に位置し、四囲を海で囲まれた島国です。では、島国は必ず海洋国家＝シーパワーになるのか、といえばそうではありません。

たとえば、フィリピンも海に囲まれた群島国家であり、首都のマニラは華僑やスペイン商人などが活躍する古くからの港湾都市ですが、国家としてのフィリピンがアジアの海に覇を唱えたことは一度もありません。**島国ではあっても、それだけではシーパワーとはならない**のです。

そもそも日本も、近代を迎えるまでは列島内の争いが中心で、メインは陸上戦力に置かれており、シーパワーではありませんでした。つまり、島国という地理的条件に加え、海洋での活動を国の主軸に置くという国家としての「世界像」を備えて、はじめて海洋国家＝シーパワーが成立するのです。

また、**人間の「ものの見方」に大きな影響を与える要素のひとつが「感情」です**。地政学においては「恐怖」「支配欲」「自立心」「依存心（従属関係を受け入れる心性）」といった**国民感情、指導者たちのメンタリティも重要な分析対象**となります。

ロシアを衝き動かす「恐怖」

これものちに詳しく論じますが、ランドパワーの代表ともいえるロシアを分析するうえで、重要なのは「恐怖」です。ロシアは広大な領土を持つ大国ですが、その戦略的態度を歴史的に分析していくと、そこに浮かび上がるのは、**自国を侵略されることへの「恐怖」**です。よく知られるように、ロシアは13世紀から250年近くにもわたって、**モンゴル帝国に侵攻され、その支配を受けました**。これを「タタールのくびき」と呼びます。16世紀には近隣のスウェーデン、ポーランドにも攻められ、モスクワ陥落も経験しました。そして、ナポレオン率いるフランス、アドルフ・ヒトラー率いるナチス・ドイツにも攻め込まれ、いずれもロシア本土での戦闘で甚大な被害を受けています。

これも陸続きの大国ゆえの悲劇といえるでしょう。そのために、ロシアは伝統的に、**自国の周囲にバッファーゾーン（緩衝地帯）を設定しようとします**。周囲に絶対にロシアに敵対しない、従属関係にある衛星国を配置し、敵国がいきなりロシア本体に攻め込めないようにする。旧ソ連時代の東欧諸国などはその典型といえるでしょう。

後でも触れますが、ロシア・ウクライナ戦争の原因のひとつに、こうしたロシアの「恐怖」に基づく世界観があることは間違いありません。独立を果たしたウクライナですが、ロシアは依然として、ウクライナを衛星国（バッファーゾーン）としておきたかった。ウクライナがNATOに入ってしまうと、ロシアは緩衝地域なしにいきなり敵国側と国境を接することになってしまうわけです。

これをさらに俯《ふ》瞰《かん》的にみると、**「ランドパワーのジレンマ」**というべきものが浮かび上がってきます。

つまり、**怖い近隣勢力を遠ざけたい。→そのためには、自国の領土を拡大するか、周辺諸国を絶対に敵対しない、強い影響下に置くのが望ましい。**そこまではいいのですが、そうしたロシアの行動は、近隣諸国にとっては脅威であり、侵略でしかありません。すると、ロシアが「恐怖」を払拭し、**自国の安全を高めようと思えば思うほど、近隣諸国との緊張は増し、かえって紛争の可能性を高めてしまうのです。**これは中国や過去のドイツにもあてはまるランドパワーの大国が抱えるパラドックスといえるでしょう。

このように、地政学の考察の対象は、**客観的な地理的条件＋「指導者たちの頭の中にある地図」**だといってもいいでしょう。ここで難しいのは、**「指導者たちの頭の中」が一種**

のブラックボックスだということです。プーチン大統領が何を考えているのかを客観的に明らかにすることは、誰にもできません。私が、「地政学は『学問』ではない」と考える所以《ゆえん》のひとつです。しかし、本当には知ることのできない「指導者たちの頭の中」「国民感情」に、できうる限り近づき、モデル化することは、国際政治を考えるうえで、非常に重要な作業だと考えます。なぜなら、**各国の政策担当者たちは、そうした作業を日々行っており、それに基づいてリアルな国際政治が動いているからです**。それらの実践的な営みのひとつが「地政学」なのです。

リアリズムとリベラリズム

ここで、地政学のもうひとつの大前提について考えてみたいと思います。

それは「人は必ず争う」です。これをトマス・ホッブズは**「万人の万人に対する闘争」**と呼びました。

この大前提については、様々な批判がなされてきました。人間は集団行動をする動物であり、闘争ではなく、協調、協力関係を重視すべきではないか、というものです。これを現代風にいえば、リアリズムとリベラリズムの対立ということができるでしょう。

ごく簡単にいえば、**リアリズムは衝突モデル**です。人間は自分の利益の最大化をはかるが、それは**集団になると抑制されるどころか、いっそう顕著になる**、と考えます。国際社会における激しいナショナリズムの高揚、隣国との衝突、国内政治における分断、格差問題などは、こうした見方を裏付けます。地政学は、このリアリズムのモデルと親和性があります。リアリズムの考え方では、**軍事力、経済力などの「力」を持つものが世界を動かす**、ということになります。

一方、**リベラリズムは協調モデル**です。個人が協調して集団、社会を形成するように、国家は交易によって繁栄します。そのために、**所有権や人権などの基本ルールに基づいた法や秩序を共有することによって、衝突のリスクを減らす**のです。

このリベラリズムの立場に立つ国際政治学者の代表的存在に、ジョン・アイケンベリーがいます。プリンストン大学教授のアイケンベリーは著書『リベラルな秩序か帝国か』で、アメリカは必ずしも力で世界を支配する帝国である必要はなく、アメリカ主導で作り上げた自由貿易と民主主義に各国が参加することで、秩序が維持されていくと説きました。いわゆるグローバリズムの理論的な核には、このリベラリズムの考え方がうかがえます。**リ**

ベラリズムでは、国際的な取り決めを遵守することや、国際世論に支持されることなどが重要な意味を持ちます。

グローバル経済がリベラリズム的な考え方を背景にしているのに対して、近年、よく話題になる経済安保などはリアリズム的な考え方です。ロシア・ウクライナ戦争で、ウクライナの小麦の輸出に影響が出てしまったように、戦争など地政学的リスクが高まると、石油などのエネルギー、小麦などの食料がいつでも、欲しいだけ手に入るとは限らなくなります。そうした事態に備えて、資源などを確保しておきたい、というのが経済安保の考え方のベースにあります。

ここで注意してほしいのは、私が言いたいのは、**リアリズムとリベラリズムのどちらが正しいか、ということではありません。**どちらも人間とその集団に対する、ひとつの考え方に過ぎないからです。

経済のグローバル化の進展を説明するには、リベラリズムのモデルはかなり有効でした。中国のように、アメリカを中心とした現在のシステムに挑戦しようとしている国ですら、現時点では、グローバル経済のさまざまなルールを一応は守っています。

しかし、ロシア・ウクライナ戦争、ハマスによるテロなど、**「協調モデル」の枠をはっ**

きりとはみ出して、「力による秩序変更」を求める動きが際立ってきたことも事実です。こうした状態がなぜ起こり、どこに行きつくのかを考えるには、リアリズムのモデルが相性が良いと考えます。

大国中心主義

　また古典地政学には、特に大国の考え方を重視する傾向があります。たとえばロシア・ウクライナ戦争であれば、ロシアの侵攻に対して、アメリカがどう対応するか、さらには、それによって中国がどう動くかを重点的に考えていきます。そのとき、有名な国際政治学者のジョン・ミアシャイマーのように、**アメリカにとって一番警戒しないといけない相手は中国だから、ロシアの動向などはヨーロッパに任せて、アメリカは対中政策に専念すべきだ**、という考え方も出てきます。それに対しては、ウクライナ国民の安全などが軽視されている、という批判もなされています。

　私は過度な大国中心主義はかえって実態を捉え損なうおそれがあると考えていますが（のちに第5章で詳しく検討します）、大国が何を考えているか、どんな戦略を採用するかに、世界の情勢が大きく左右されるのもまた事実でしょう。
「小国」は、どうしても「大国」の出方を見据えて、対応を考えることが多い。受け身の姿勢を余儀なくされると同時に、機動性が高く、戦略の修正も比較的容易です。それに対して、「大国」の決断は周囲に大きなリアクションを引き起こします。もし大国が頻繁《ひんぱん》に戦略を転換すると、世界に大きな混乱が生じます。それは大国自身にとってもデメリットが大きい。だから**大国ほど地政学的な戦略を必要としている**のです。

たとえるなら、**安全保障の面では、アメリカがグローバル企業、日本は地域密着型企業**です。アメリカは世界的な大戦略を、自国の問題として考える必要があります。日本は、アメリカや中国などの大国が何を考えているかを探り、それにいかに対応すべきかを考える。それぞれ戦略の視点が異なるのです。

6つのキーワード

ここからは各章の内容を、簡単に紹介します。

それは6つのキーワードであらわされます。

1　世界観

ここまで述べてきたように、地政学は「人間の頭の中の地図」を対象としています。それは単なる地理ではなく、地理＋人間の考え方、意志、感情と結びついた「世界観」を明らかにするというアプローチです。

マハン、マッキンダー、ニコラス・スパイクマンなど、近代の代表的な地政学の巨人たちの考え方を紹介しつつ、「世界の見方＝世界観」を論じます。

2　シーパワーとランドパワー

地政学の「世界観」のなかでも、最も基本的な地理の要素は「海」と「陸」です。マッキンダーは世界史を、海（シーパワー）と陸（ランドパワー）との戦いとして捉えました。シーパワーを代表するのがイギリス、アメリカ。ランドパワーの代表がドイツ、ロシア、中国です。また、この海と陸の対比は「同盟」と「征服」という外交・軍事上の基本戦略とも関わってきます。

3　ルートとチョークポイント（線と点）

歴史を動かす戦いを分析すると、

・道、航路といった「線」（ルート）

・砦、城、港などの「点」（チョークポイント）

の重要性が浮かび上がってきます。

道、航路は、軍隊を動かす動員、兵站のラインであるとともに、物流、人の移動、情報伝達といった経済的、政治的、文化的な重要性も持っています。

この線と点をいかに支配するかが、地政学では非常に重要視されます。

そして、このルートとチョークポイントを効率的に監視、支配するために重要なのがベース（拠点）です。

4　グランド・ストラテジー（大戦略）

国家の目的とは何か？　経済的繁栄か？　支配地の拡大か？　自国の利益の最大化か？

歴史上、多くの強国が地球上に存在しました。しかし、永遠の覇権国はこれまで存在していません。どうしたら、自国にとってより良い状態を保つことができるのか？　こうした問題に答えを出そうとするのがグランド・ストラテジーです。

そのルーツは19世紀のイギリスにあります。そして、それを継承したのがアメリカということになります。この章では、両国の政策の流れをたどりつつ、大戦略のありかたを考えていきます。

一方、英米にとっては対抗勢力であるランドパワーの雄《ゆう》、ロシア、中国は、どのような世界像を持ち、戦略化しているのかも、あわせて見ていきます。

5 バランス・オブ・パワー（勢力均衡）

歴史上も、現在も、一国だけで世界を支配できた国はありません。なぜなら、どんな最強国も、他の世界中の国家（ことに大国）をすべて敵に回して勝利し続けることはできないからです。

では、どうしたらよいのか？　そこで考えられたのが、ライバルとなる他の大国を、互いに分断させたり、対立させたりして、突出した勢力にしないという戦略のもととなる国際政治のメカニズム、バランス・オブ・パワーでした。この章でもモデルとなるのは、19世紀の世界をリードした大英帝国です。バランス・オブ・パワーとは、一方では「敵勢力の分断」であり、もう一方では、「味方陣営の拡大」すなわち同盟戦略を示唆するものです。

6　コントロール

最後に、戦略の目的とは何か、という大問題を考えてみます。戦略家J・C・ワイリーが唱えた「コントロール」は、実は、戦争において最終的に目指すべきは「勝利」ではなく、戦後の「平和」をコントロールすることだ、という衝撃の理論です。

戦術的にいくら勝利を重ねても、戦後に安定した秩序を築き、そこから安定的な利益を引き出せなくては意味がない——とワイリーは説きます。この理論に基づくと、ロシア・ウクライナ戦争や、ハマスとイスラエルの対立といった現在進行形の戦争の構図と見通しがクリアに見えてきます。

本書では、地政学という考え方の基本を、分かりやすく紹介することを目的にしています。前にも触れたように、世界情勢は時々刻々と動いていきます。そのなかにあって、時代を動かす大きな本流とは何かを見極める方法のひとつが地政学です。読後、頭の中で新しい地図が広がることがありましたら、著者の喜びとするところです。

1　世界観

地政学の巨人たちの思考法

古代の地政学：孫子の兵法

前章で、地理（ジオグラフィ）とはジオ（地球）＋グラフ（描く）であると述べました。**自分が生き残るために、自分を取り巻く世界、環境をどのように認識するか**。それが「世界観」です。ことに集団として生き残るためには、行動方針を決める必要があります。いかに他の集団の介入を避けて、自分たちの領分を守るか、また他の集団とぶつかるときには、どのようにして優位を得るか。これは人類の普遍的なテーマといってよいでしょう。

本章では、近代地政学の歴史をたどりつつ、彼ら地政学の先人たちが描いた「地図」をもとに、世界観とは何かを論じますが、その前に、さらに時代をさかのぼって、古代の哲人たちの地政学的思考に少し触れてみたいと思います。

古代における地理と戦略に関する論考として名高いのは、なんといっても**『孫子の兵法』**でしょう。紀元前6世紀、春秋時代の中国で活躍した軍事思想家、**孫武**（紀元前535年頃〜？）の著作とされ、現代でも研究されている戦略論の古典中の古典です。

この『孫子』は、開戦を決める以前に考えるべきことを説いた「計篇」（序論）にはじまり、戦争の準備について書かれた「作戦篇」、実際に戦闘を行うことなく勝ちを収める「謀攻篇」から、スパイの使い方を説いた「用間篇」までの13篇から成りますが、なかでも、地理に関連した部分をいくつか紹介します。

まずは**「地形篇」**です。地形に応じて採るべき戦法が変わることを説いたもので、戦場の地形を6つに分類しています。

まず**「通」**は四方に開けて、進むのが容易な地形。敵味方どちらにも移動が容易です。

次の**「挂」**は、進むことはできるが、引き返すのは難しい地形です。

「支」は、脇道が分岐している地形。攻め手としては、脇道に敵が待ち伏せしやすいので、危険な地形です。

「隘」は、道が狭まっている、谷間の地形です。守りやすく、攻めにくい。

「険」は、山間部、高台などの険しい地形です。敵が先に押さえてしまった場合は、近づかないほうがいい、としています。

最後に**「遠」**。両軍の陣地が遠く離れている場合で、無理に戦いを仕掛けるのは禁物です。

「地形篇」は主に戦術面から地形を論じたものでしたが、次の**「九地篇」**では、9つの地勢を挙げて、敵国との位置関係や、地形が兵士の士気などに与える影響まで考察を進めており、より地政学的な思考がうかがえます。

「九地」とは、

「散地」は自国領で戦う場合。**「軽地」**は敵領内ではあるが自国の近くで戦う場合です。ロシア・ウクライナ戦争でいえば、ウクライナは「散地」で戦い、ロシアは「軽地」で戦っている、といえます。

「争地」は敵味方どちらにとっても、そこを取ると有利になる土地です。

「交地」は敵味方双方が進もうと思えば進める地です。

「衢地《くち》」は他の国と通じていて、先に押さえると、敵国以外の国からの支援が得られる土地です。

「重地」は敵国の深部に入り込んだ状態で、敵の城や集落が近くに存在しています。

「泛地《はんち》」は山林や沼など進軍の難しい土地です。

「囲地」は入り込みにくく、敵に包囲されやすい土地です。

「死地」は迅速に脱出できなければ全滅のおそれがある土地です。

こうした『孫子』の地理的分析は、第3章で扱う「ルートとチョークポイント」の考え方にも通じるものがあります。

古代の地政学：アリストテレス

このほかにも、古代ギリシアの哲学者、**アリストテレス**（紀元前384－322）の著書**『政治学』**にも、地政学的な発想が記された「最善の国の構成」という巻があります。まずは目次を紹介しておきましょう。

第4章　最善の国における諸機能を果たす最適な人口数。自足的な善い生活と、国民の相互面識を可能にする数。

第5章　自足的国土、中庸生活を可能にする広さ、攻守に便利な地勢、海陸の交通に好都合な国都。

第6章　道徳的・経済的・軍事的見地から見た海上交通の是非。貿易と海軍力。

第7章　欧州民族（気概）とアジア民族（知性）の性質が巧く混合された望ましい国民

の本性。
（略）
第11章　国都、要塞地、個人住宅の位置。都壁の必要性。
第12章　共同食事所、神殿、市場、体育所、役所の配置。地方役所の配置。

　この「最善の国の構成」でアリストテレスは、国民にとって最も幸福な国とはどのようなものか、という問いを立てます。

「大部分の人々は、国家が幸福であるためには、国が大きいほうがよいと考えている。（略）だが、むしろ着目すべきは、**住民の数ではなく、住民の能力**である。なぜなら国家もまた、個人と同じように、果たすべき仕事をもっているからである。したがってその仕事をもっとも高度に遂行する能力のある国、そういう国が最大の国家であると考えなければならないのである」（『アリストテレス　世界の名著8』　中央公論社）

　そして望ましい国土について、

「国土は、**敵にとっては侵入しがたく、味方にとっては進出しやすい形**でなければならない」

「都市の場所は、（略）**海との関係から見ても、陸との関係から見ても都合のよいところ**に、定めるのが良い。（略）すなわち、援軍を出撃させるときのことを考えて、どの方面にも道が通じているところを選ばなければならない。その他の規準は、収穫された農産物の輸送に便利なところにあること、さらに、建築用の材木や、また国が他にも何かそういった産業をもっているなら、そのための資材を輸送しやすいところにあること、である」

　国土、人口、国防と経済の重要性など、のちの地政学的な着眼点が出揃っているといえます。また貿易と海軍力についても論じられています。

「**国の安全を守るためにも、また必要な物資に不自由しないためにも、都市と国土が海に通じているほうがよい**ということは疑いない」

「海軍力については、言うまでもなくある程度の大きさまでそれをそなえていることがもっとも望ましい。というのは、国家は自国の住民だけでなく近接の諸国民に対しても、陸と海の両方において、**一方では恐怖を感じさせるとともに、他方では安全を保障する能力**をもっていなければならないからである」

　海軍力は、他国への脅威であるとともに、近隣諸国に対しても安全を保障することで、政治的影響力を行使するものだ、という考え方は、のちに紹介する「シーパワー」の概念とも通じています。

古代の地政学：カウティリヤ

古代の地政学的思考のなかでも、「世界観」という観点からみて興味深いのは、古代インドのマウリヤ朝の宰相、**カウティリヤ**（紀元前350?-283?）の著した**『実利論』**です。ナンダ朝を倒しマウリヤ朝を創設したチャンドラグプタ王をはじめ、歴代の王の補佐役を務めたカウティリヤが、自らの冷徹な政治論を書き残したとされる『実利論』は、後世、マックス・ウェーバーなどからも**「マキャベリの『君主論』にも勝る」**と高く評価されています。

政治だけでなく法学、経済学、軍事学、学術に至る幅広い知が、具体的に記されたものですが、ここで注目したいのはカウティリヤが描いた「外交マンダラ」とでもいうべき「モデル図」（次ページ）です。

カウティリヤの基本認識は、**隣り合った国同士は基本的に「敵」である**、というものでした。つまり**リアリズム的な国際認識**です。

では、自国をAとすると、隣国であるBは「敵」です。Bの向こう側に位置するCは、B国の「敵」になります。すると、AとCの関係は、ともにBを敵とする点で利害が一致し、「友邦」=同盟国となりえます。このように、**敵国と同盟国が玉ねぎのように同心円状に広がっていく**のが、カウティリヤの示した「世界観」でした。

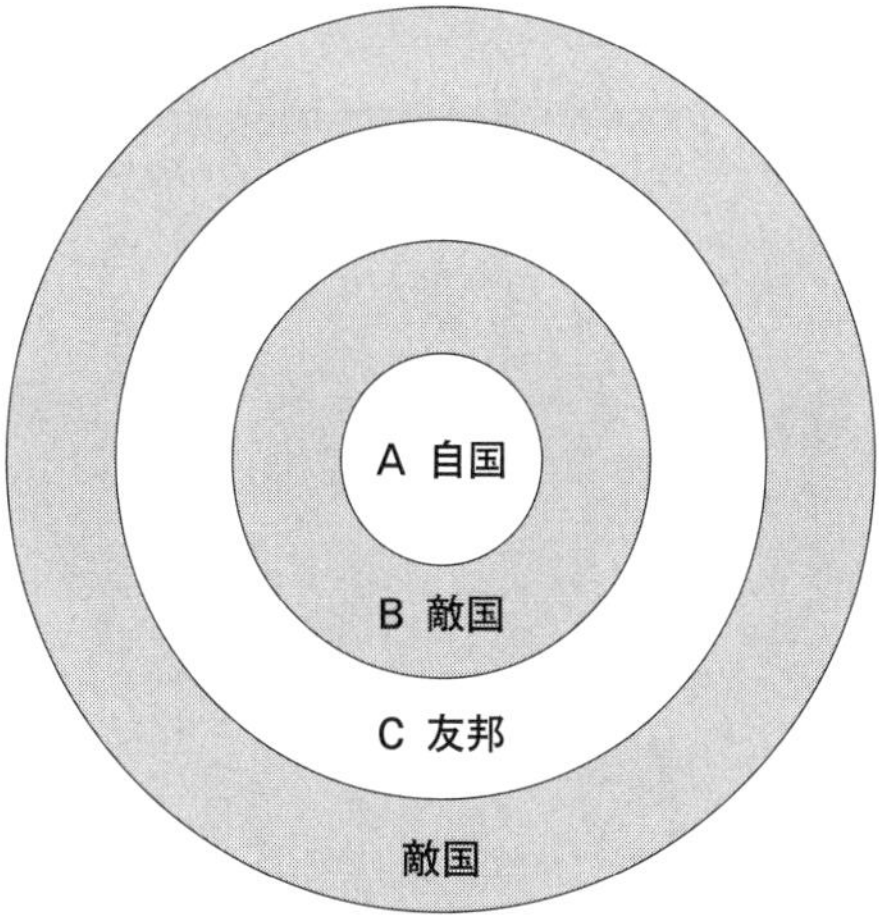

カウティリヤ『実利論』の国家モデル

もちろん「リアリスト」であるカウティリヤは、「敵」である隣国をすぐに攻めろとは唱えません。自他の国力を冷静に判断して、場合によっては「敵」と和平を結ぶこともありうる、と記しています。また、そのためにはスパイなどを駆使した情報収集が不可欠であるとも説きました。

カウティリヤはその外交政策を**「六計」**としてまとめています。

すなわち**「和平」「戦争」「静止」「進軍」**

「依投」「二重政策」の6つです。

「静止」とは静観、つまり自分からは動かず、様子を見ること。

「進軍」とは、敵と衝突することなく、兵を進めること。

「依投」とは、他の国に支援を求めることで、これも立派な戦略のひとつに数えています。

「二重政策」とは、和平と戦いを、情勢に応じて使い分けることで、まさにマキャベリズムの先駆といえます。


もうひとつ重要なのは、カウティリヤが**「永遠の友はいない」**と述べていることです。先に示した「外交マンダラ」は地理的な条件に基づく基本認識ですが、不変のものではなく、状況に応じて、敵との和平もあれば、同盟の組み換えもありうるという、リアルな認識がそこにはあります。

19世紀のイギリスで外相・首相などを歴任し、「パックス・ブリタニカ」（大英帝国による平和）を築き上げたヘンリー・ジョン・テンプル・パーマストン（1784-1865）に、**「英国にとって永遠の同盟も、永遠の敵もいない。あるのは永遠の国益のみだ」**という言葉がありますが、これもカウティリヤの「世界観」に重なり合います。

プロイセンが生んだ近代地理学

ここまで地政学的思考の「原型」として古代の地政学をみてきましたが、実は本題はここからです。今の国際社会の分析に直結する近代の「地政学」とはどのようなものなのか。重要な論者を取り上げ、その主要な論点を紹介したいと思います。

近代地政学の発祥の地はドイツです。

１７９７年、フランス革命戦争でオーストリア帝国の介入を退けたナポレオン・ボナパルト（１７６９－１８２１）は、イタリア、ドイツ諸国に進軍を開始し、ヨーロッパ大陸を席巻します。１８１５年、ナポレオンの敗北により、ヨーロッパ各国はかつての領土などを回復しますが、ふたたび侵略を許さないためにも、それぞれの国家戦略を持つことが重要課題となってきました。

そのなかで躍進したのがプロイセン王国です。のちにドイツ帝国の盟主となるプロイセンは、地理的には、現在のポーランド北部、カリーニングラード、リトアニアに広がるドイツ北部の王国でした。ナポレオン戦争で、一時は領土を半分にされるなどの苦境に立た

アレクサンダー・フォン・フンボルト

されたプロイセンは軍制の近代化をはかります。

　そこで19世紀のはじめに発足したのが、**野営地、食糧・武器などの兵站を担当する部局**で、これがのちにドイツの参謀本部へと発展していきます。

　そこで注目されたのが地理の重要性でした。**主要な道、河川などの地形、土地の高低差、気候、植生などの研究**が進みます。


アレクサンダー・フォン・フンボルト（１７６９－１８５９）は南北アメリカを探検し、その知見をもとに、地理と動植物の分布などを総合的に捉える研究を進め、**近代地理学の祖**と呼ばれました。兄のヴィルヘルム・フォン・フンボルト（１７６７－１８３５）も、外交官としてウィーン会議に出席、プロイセンの内相まで務めた言語人類学者です。

　またベルリン大学は世界で最初に地理学の講座を開いた大学で、フンボルトと並んで、「近代地理学の父」と称されるカール・リッター（１７７９－１８５９）が初代の教授を務めました。

　このように地理学において世界をリードしたプロイセンですが、１８６４年に第二次シュレースヴィヒ＝ホルシュタイン戦争でデンマークを、１８６６年に普墺戦争でオーストリアを、そして１８７１年に普仏戦争でフランスを破ると、一躍ヨーロッパ大陸の最強国となります。その勝利に貢献したのが、**地理学の知見を活かした作戦の立案や鉄道輸送による兵站**でした。

１８９１年、アルフレート・フォン・シュリーフェン（１８３３－１９１３）は参謀総長に就任すると、**地理学を科学的学問として参謀本部に導入**することを決定します。これを機に、ヨーロッパ中で、地理の知識が安全保障や国家戦略のベースのひとつとして位置づけられるようになり、「近代地政学」誕生の気運が高まります。

ラッツェルの国家有機体理論と生存圏

ドイツの参謀本部が注目を集めるようになった時期に、空間と政治に関する研究を組織的にまとめようとしたのが、『人類地理学』（１８９１）、『政治地理学』（１８９７）を著したドイツの**フリードリヒ・ラッツェル**（１８４４－１９０４）でした。

ラッツェルはハイデルベルク大学やベルリン大学で地質学・動物学を学んだあと、各地

フリードリヒ・ラッツェル

を旅して、ケルン新聞にレポートを執筆する仕事に従事します。なかでも、ラッツェルが「政治地理学」を構想するうえで大きな刺激を受けたのは、アメリカでの体験でした。

当時、アメリカは西部に向かって拡大を続けていました。先住民を追い出し、そこに鉄道を走らせ、電信網を張り巡らせる。ラッツェルはその拡大政策と、当時流行していた**「社会ダーウィニズム」**を結びつけたのです。

「社会ダーウィニズム」とは、ダーウィンの進化論の「適者生存」を社会に適用したものです。この「社会ダーウィニズム」自体は進化論の曲解といえるものでしたが、**「強いものが栄え、弱いものが滅びる」**という考え方は、当時の資本主義、帝国主義を肯定するイデオロギーとして受け入れられました。

ラッツェルは、国家を**「生きている有機的組織体」**と捉え（「国家有機体理論」）、国家の生存には空間が必要であり、それを**「生存圏」（レーベンスラウム）**と呼びました。そして、優秀な国家ほどより多くの「生存圏」を必要とする、と主張したのです。

またラッツェルは普仏戦争にも従軍していました。この普仏戦争のさなか、パリに入城したプロイセン国王ヴィルヘルム１世はヴェルサイユ宮殿でドイツ皇帝に就任します。ドイツ帝国の誕生です。統一を果たしたドイツは、まさにラッツェルの唱えた**「国家は生き物であり、領土はその身体、国境は皮膚にあたる。国家が成長、発展するほどより大きな身体（領土）を必要とする」**という理論そのものでした。

「地政学」を定義したチェーレン

このラッツェルの考え方を受け継いだのが、スウェーデンの**ルドルフ・チェーレン**（１８６４－１９２２）でした。チェーレンは北欧最古の大学であるウプサラ大学やヨーテボリ大学といった名門大学で教鞭をとるかたわら、国会議員も務めた政治学者・政治家です。

実はこのチェーレンが１８９９年に書いた論文の中で、初めて**「地政学」**（Geopolitics）という言葉が、きちんと定義されて使われました。つまり「地政学」の生みの親といえるでしょう。

ちなみにチェーレンによる地政学の定義は、**「国家を地理的有機生物、もしくは空間に**

ルドルフ・チェーレン

おける現象として考える科学」というものでした。国家を生命体として捉える点は、ラッツェルの議論を継承しています。

このチェーレンは、いまも使われる有名なキーワードをもうひとつ唱えています。それは**「アウタルキー」（自給自足）**です。「国家は自給自足に必要な資源を支配する権利がある」というもので、この考え方は、戦前の日本にもドイツ経由で入ってきて、特に陸軍で戦略を担った永田鉄山や武藤章といった軍人たちに影響を与えました。

この自給自足圏という考え方が強い説得力を持ったのは、少し時代が下りますが、第一次世界大戦（１９１４-１９１８）でのドイツの敗北でした。ドイツの敗因のひとつは、イギリスなどの海上封鎖による食糧や資源の不足だとされたのです。ことに国内資源に乏しい日本にとって、アウタルキーの構築はまさに死活問題だとみなされました。

しかし、このアウタルキーという考え方は、**自国では調達できない資源を確保するためには他国を侵略してもよい**、あるいは侵略するほかない、ということになります。当然、周辺国や資源地域を支配している国にとっては、「敵」にほかなりません。国際社会を生き延びるうえで、**リスクが高く、サスティナブル（持続可能）な考え方とはいえない**でしょう。

ナチスに影響を与えたハウスホーファー

その危うさを顕在化させてしまったのが、**カール・ハウスホーファー**（１８６９-１９４６）だといえます。ハウスホーファーが活躍した時代は少し後になりますが、ドイツ地政学の流れとして、ここで紹介します。

バイエルン陸軍大学校を卒業したハウスホーファーは参謀本部に勤務、陸軍大学校で戦史を教え、第一次世界大戦にも従軍し、旅団長などを歴任、最後は名誉陸軍少将になります。途中、１９０９年から１９１０年まで駐在武官として日本に赴任し、「Dai Nihon（大日本）」という論文でミュンヘン大学の哲学博士号も取っています。

陸軍を退役後、ミュンヘン大学の教授となったハウスホーファーは、ラッツェルやチェーレン、そして後述するマッキンダーの理論などをブレンドさせた地政学を唱えます。

カール・ハウスホーファー

ハウスホーファーの運命を大きく変えたのは、ルドルフ・ヘス（１８９４―１９８７）との出会いでした。ヘスはバイエルン軍に入営し、第一次世界大戦に参加、退役後にミュンヘン大学に入学しました。そこでハウスホーファー教授の講義を受けたヘスは、その「生存圏」の思想に深く傾倒します。そして、１９２０年、ナチ党の創立メンバーの一人となったヘスは、ハウスホーファーをアドルフ・ヒトラー（１８８９―１９４５）に紹介し、後に講義をともに受けています。

ハウスホーファー自身はナチ党に入党したことはなく、妻はユダヤ系で、のちにはナチ党とはかなり距離が生じていました。また外交官で地理学者でもあった息子のアルブレヒト・ハウスホーファーはヒトラー暗殺計画に関与したとして処刑されています。

これはハウスホーファーの理論とヒトラーの政策が乖離《かいり》していったからだとも考えられます。

ハウスホーファーの地政学の中でも、オリジナリティが高いアイディアとして知られるのは、**「パン・リージョン」**（**統合地域**）という考え方です。

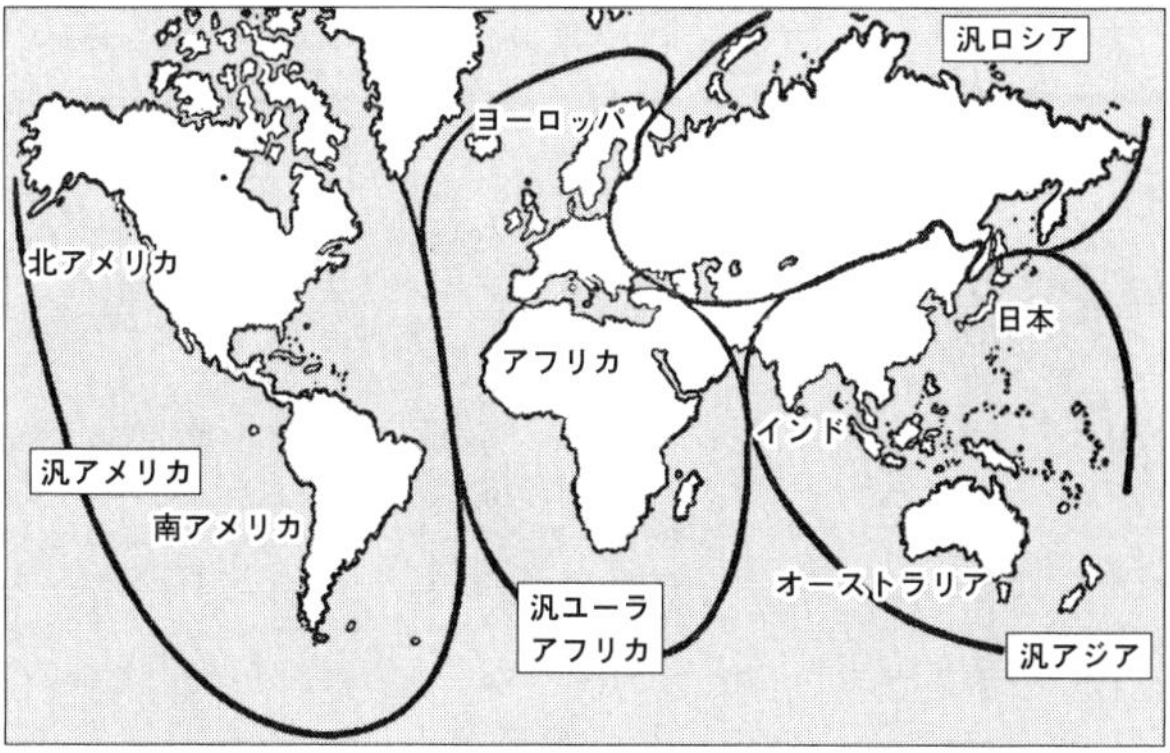

ハウスホーファーの「パン・リージョン」理論図

ハウスホーファーは、**世界は最終的には3つないしは4つのブロック（統合地域）に住み分けるべきである**、と考えました。汎《はん》アメリカ地域（南北アメリカ）を支配するのがアメリカ、汎ユーラアフリカ地域（イギリスを含むヨーロッパとアラビア半島を含むアフリカ）はドイツが中心となり、汎ロシア地域（ロシア、中東）はロシア、そして汎アジア地域（中国、東南アジア、インド、オーストラリア）は日本が主導するというわけです。

そしてハウスホーファーはマッキンダーのハートランド理論（後述）の影響を受けて、**ドイツとロシア（ソ連）がランドパワー同盟を組むことで、世界覇権が実現する**と考えていました。その意味で、独ソ戦を開始したヒトラーとはまったく「世界観」が異なっていたわけです。

とはいえ、ハウスホーファーの地政学がナチスに大きな影響を与えたことは間違いありません。そのせいもあって、第二次世界大戦後、ドイツ地政学は侵略のイデオロギーであるとされ、しかも敗戦を招いた思想として危険視されるようになり、表向きはその幕を下ろしたかのように見えました。

しかし、実際はどうだったのか？　実はあまり知られていない事実ですが、ハウスホーファーは**ヨシフ・スターリン**（１８７８－１９５３）**の個人的なアドバイザー**でもありました。１９２０年代初頭から、ハウスホーファーはスターリンにあてて、**定期的に自分の地政学的分析をレポート**していたのです。ハウスホーファーの理想は「独ソによる世界の共同支配」でしたから、彼にとっては何の矛盾もない行為だったのでしょう。

後に詳しく検討しますが、冷戦においてソ連のとった外交・安全保障政策をみると、まるでマッキンダーやハウスホーファーの理論をそのまま実践したもののようにも見えます。それは、後で詳しく見るように、プーチンの「世界観」とも通じるものがあります。その意味で**ドイツ地政学は、ランドパワーの雄となったソ連・ロシアに継承されたのではないか**。そう考えると、ロシアの動きがいっそうクリアに見えてくるはずです。

「海の地政学」の創始者マハン

ここまでドイツに生まれた地政学の系譜をたどってきました。それに対して、地政学には英米を中心としたもうひとつの流れがあります。むしろ**現代の地政学に直結しているのは英米系の地政学**で、その特徴は**海洋の比重が高い**ことです。

なかでも古典地政学の三大スターが、アルフレッド・マハン、ハルフォード・マッキンダー、ニコラス・スパイクマンです。

「海の地政学」の創始者と呼べるのが、**アルフレッド・マハン**（１８４０－１９１４）です。海軍兵学校に学んだマハンは海軍将校として南北戦争に参加、その後、軍艦イロコイ号の副長としてアジアに出航します。このイロコイ号は、戊辰戦争で大坂から脱出する徳川慶喜を乗せたことでも知られています。

このマハンが主著である**『海上権力史論』**（*The Influence of Sea Power upon History 1660–1783*）を刊行したのは１８９０年のことでした。この本でマハンは、**海洋を支配する「シーパワー」という概念を提示し、陸上を支配する「ランドパワー」**に対置し、そし

アルフレッド・マハン

て、ローマ史などを参照しながら、シーパワーの代表としてイギリスの海上覇権を分析しました。

そして、**「海を制するものが世界を制する」**というテーゼを唱えたのです。

興味深いのは、この１８９０年とは、アメリカが「フロンティア消滅宣言」をした年でもあることです。何故、これが重要なのか？　先に述べた政治地理学の祖ラッツェルがアメリカで西部への拡大を実見したのは１８７０年代のことでした。北米大陸を西へ西へと進んだアメリカは、ここに至って、ついにカリフォルニアまでたどり着き、もうこれ以上、陸の領土を広げることができなくなったのです。この先にはもう海しかありません。そのとき登場したのが、海の覇権の重要性を指摘するマハンの著書だったのです。

実際に『海上権力史論』を読むと、**すでにその後のアメリカの世界進出構想のヒントが描かれていることに驚かされます**。さらに、マハンは、これまで世界の海を支配してきたイギリス海軍の影響が衰え、代わってアメリカが海洋大国になると予想しました。そのためには、まずは**イギリスと同盟を結び、世界の海を制すること、そして海外に基地を置くこと**が必要だと説き、**その候補地として、フィリピン、ハワイ、カリブ海、そしてパナマなど**を押さえるべきだと主張しています。

注意すべきは、この時点では、アメリカはまだ海外に拠点を持たず（アメリカがハワイ、フィリピンを併合するのは１８９８年の米西戦争後のことです）、世界に乗り出す海軍強国でもなかったことです。また、当時のイギリスは１９０２年に日英同盟を結ぶまで、「光栄ある孤立」を守り、同盟国をもっていませんでした。

のちにアメリカは第一次世界大戦後の１９２３年、米英日仏の４カ国条約を結ぶことで、日英同盟を解消に導いています。つまり、ある意味で、**マハンの青写真の通りに、アメリカの海洋政策は進められたといえます。**

マハンの理論で重要なのは、シーパワーを海軍力のみに限定していないことです。マハンは海上輸送の有利さを説き、**海軍は通商保護のためにも存在する**、と述べました。これは次章「シーパワーとランドパワー」で詳しく述べますが、シーパワーとは、通商、情報網などをも合わせた「海洋力」なのです。

マハンは１８８６年からアメリカの海軍大学校の校長を二度も務めています。その後、日露戦争で旅順港閉塞作戦、日本海海戦の作戦立案を担当した秋山真之が、マハンに直接師事し、その理論に強い影響を受けたことはよく知られています。

「脅威は内陸から来る」マッキンダーのハートランド理論

このマハンの発想を採り入れ、近代地政学で最も重要な理論を打ち立てたのが、イギリスの**ハルフォード・マッキンダー**（１８６１－１９４７）でした。

マッキンダー自身の回想によると、少年時代、新聞配達のアルバイトをしていて、とても印象に残った記事がある、それは、「ドイツ帝国が誕生した！」という大見出しの記事だったと。マッキンダーは、それが国際政治というものを意識した最初の記憶だと述べています。

このエピソードが興味深いのは、マッキンダー少年が国際政治に目覚めたタイミングです。世界の海を制した大英帝国ではありますが、後から振り返ると、その国力のピークは１８６０年代なのです。１８７１年にドイツが統一され、アメリカが台頭してくると、19世紀の終わりには、イギリスの国力そのものには陰りが見えてきます。マッキンダーが活躍したのは、いわばイギリスが依然として世界のトップではあるものの、じわじわとドイツやアメリカにその地位を脅かされつつあった時期にあたります。言い換えるならば、**国力が衰えてきたからこそ、外交や安全保障において、あらためて戦略を練り直す必要が出てきた時代**だったのです。

マッキンダーは38歳でオックスフォード大学に開設された地理学院の初代院長となり、１９０４年にはロンドン大学の政治経済学院（ＬＳＥ）にやはり初代院長として迎えられます。地理と政治、経済を横断する学問分野で第一人者として認められたといえます。さらには１９１０年から10年以上にわたってイギリス下院の議員も務めました。マッキンダーの地政学は、こうした研究者と政治の実務家を兼ねた活動から生み出されたといえるでしょう。

ハルフォード・マッキンダー

マッキンダーの地政学の特色は、第一に、ランドパワーとシーパワーの闘争として人類史を描く点にあります。彼は世界史を３つの段階に分けました。

1　前コロンブス時代（〜15世紀）
アジアの陸上勢力（モンゴル、イスラムなど）によるヨーロッパ侵攻の時代
ランドパワーの優位　機動力：馬やラクダ

2　コロンブス時代（15世紀〜19世紀）
ヨーロッパの海洋勢力（スペイン、ポルトガル、オランダ、イギリス）の世界進出
シーパワーの時代　機動力：帆船

3　ポスト・コロンブス時代（20世紀）
陸上勢力（ドイツ、ロシア、アメリカ）の優位
ランドパワーの時代になる　機動力：鉄道

この歴史観については、次章の「シーパワーとランドパワー」であらためて検討しますが、ここで注目しておきたいのは、マッキンダーが、**来るべき時代はランドパワー優位の時代になる、と考えていた**ことです。

この時期、ドイツは鉄道を活用した陸戦で、ヨーロッパ大陸のライバルを次々に打倒していきます。アメリカでは１８６９年に、最初の大陸横断鉄道が開通しています。ロシア

では、１８９１年に着工されたシベリア鉄道が１８９８年、イルクーツクまで到達し、１９０４年に始まった日露戦争でも兵士、武器の輸送に威力を発揮しました。

またマッキンダーは言及していませんが、鉄道と並んで自動車も有力な移動手段となってきます。１９０８年、ヘンリー・フォードがアメリカでフォードT型の製造販売を始め、大量生産に成功します。第一次世界大戦以降は兵士、武器などの輸送手段としても自動車が活用されるようになりました。

こうしたランドパワーの脅威に、イギリスはどう対抗するか。それがマッキンダーのテーマだったのです。

このマッキンダーの「世界観」を地図化したのが、有名な**「ハートランド理論」**でした。その原型は１９０４年に発表した**「歴史の地理的回転軸」**（The Geographical Pivot of History）という論文でした。マッキンダーのアイディアは、まさに世界をひっくり返すものでした。次ページ上の地図をご覧ください。

ヨーロッパの人々がいまも普通に使っている地図です。

これをマッキンダーは、「これまで自分たちヨーロッパ人は、ヨーロッパを世界の中心に置いていた。しかし、**ユーラシア大陸を俯瞰すれば、むしろヨーロッパは西端の半島に**

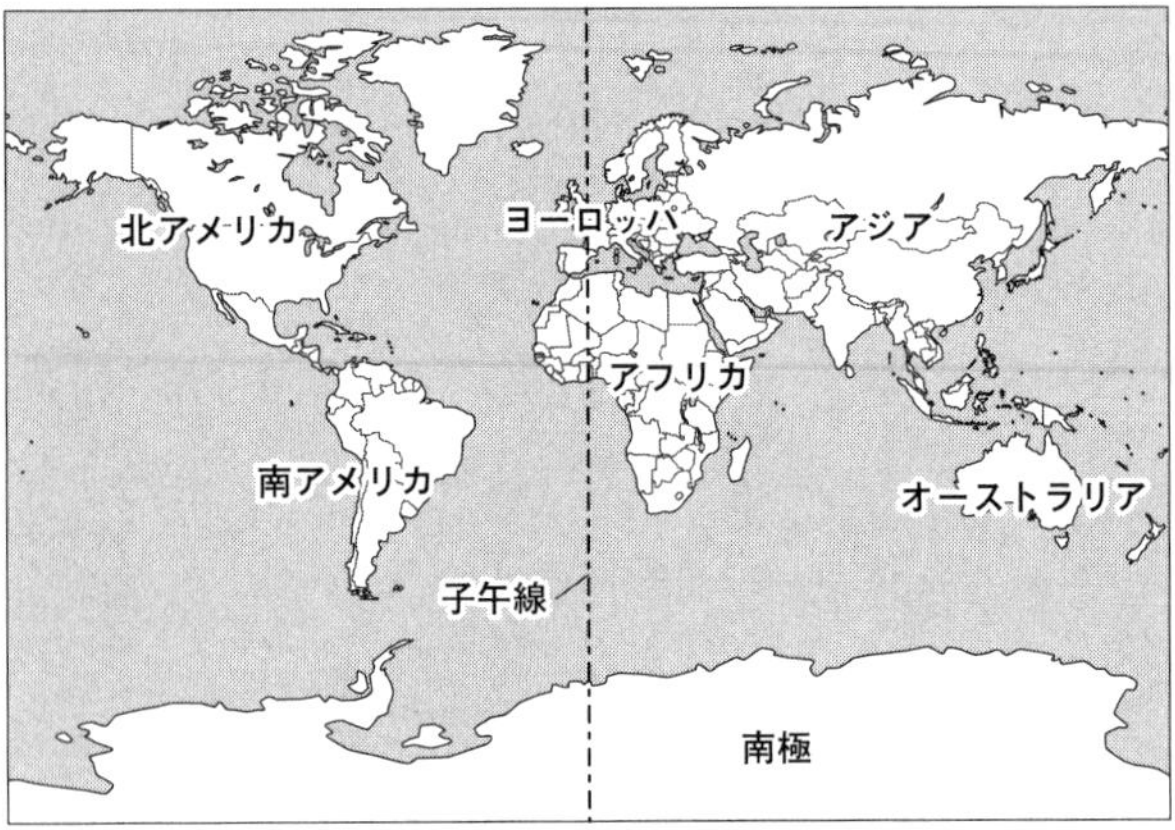

ヨーロッパを中心とした世界地図

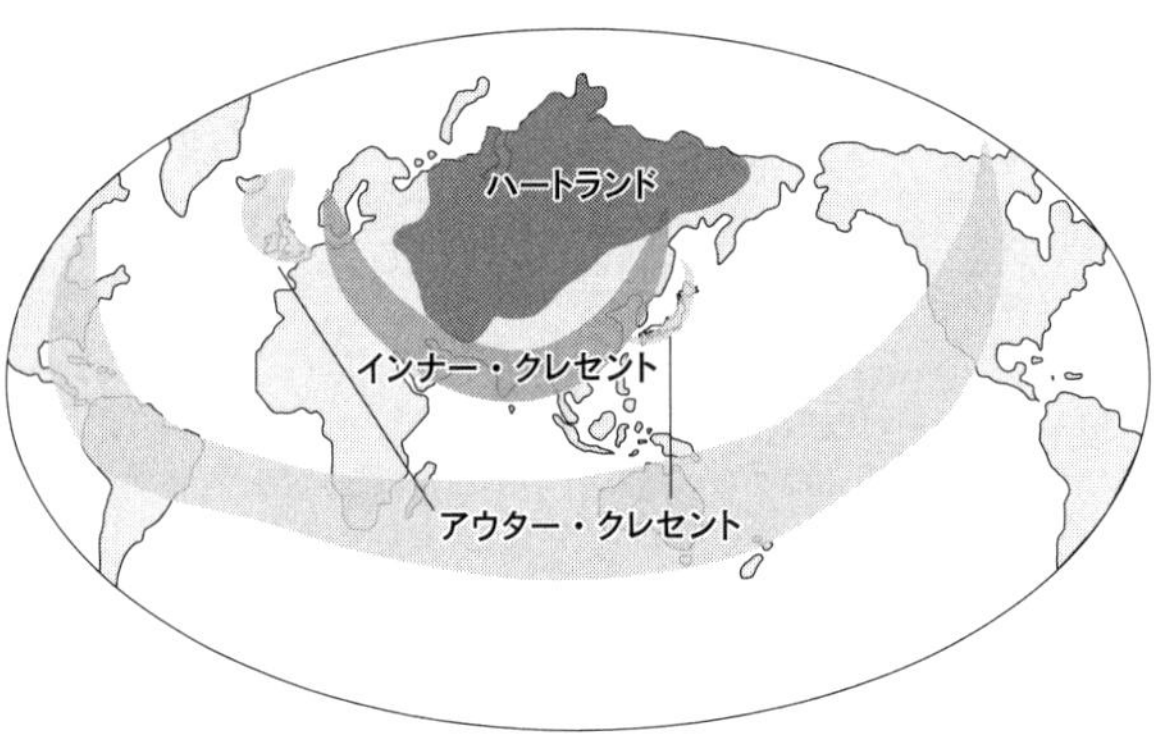

マッキンダーのハートランド理論に基づく世界地図

過ぎない」として、右下のような地図を提示しました。

私たち日本人にとっては当たり前の地図ですが、マッキンダーは世界の中心軸を大移動させたのです。

マッキンダーは、ヨーロッパの歴史を**「ユーラシアの内陸から来る圧力や刺激によって形成されてきた」**と捉えます。そして**ユーラシア大陸の最深奥部を「ハートランド」**と名付けました。ハートランドの**周辺部に位置するのが「インナー・クレセント」（内側の三日月地帯）**で、大陸ヨーロッパ、中東、インド、中国沿岸部などがここに入ります。**その外側が「アウター・クレセント」（外側の三日月地帯）**で、イギリスとアメリカ、そして日本も含まれています。

ハートランドから押し寄せてくる勢力がランドパワーです。そしてマッキンダーはヨーロッパを「ラテン半島」と呼び、ハートランドのランドパワーに圧迫される地域と位置付けました。ハートランドとラテン半島の境に位置し、**いつも争点となる地域が東ヨーロッパ**になります。

そして、１９１９年に発表した主著『デモクラシーの理想と現実』（*Democratic Ideals and Reality*）において、次の有名なフレーズが登場します。

「東ヨーロッパを制するものがハートランドを支配し、ハートランドを支配するものが世界本島（ユーラシア大陸）を支配し、世界本島を制するものが世界を支配する」

　マッキンダーはドイツとロシアの2カ国をランドパワーとして警戒していました。このランドパワーに東ヨーロッパを握られないためにも、イギリスはこれまでのシーパワーに加えて、陸上の兵站やアクセスを大幅に向上させる、鉄道によるランドパワーの充実が不可欠だと説いたのです。

　19世紀の終わりから20世紀の初頭にかけて、イギリスはエジプトのカイロ－南アフリカのケープタウン－インドのカルカッタを鉄道で結ぶ3C政策を進めました。これはドイツが推進するベルリン－ビザンチウム－バグダッドの鉄道計画（3B政策）とバッティングします。マッキンダーの主張は、こうした英独の鉄道戦争を踏まえたものでもあったのでしょう。

　マッキンダーのハートランド理論は、現代の眼からは、あまりにも大づかみで、粗過ぎる世界理解だと思われるかもしれません。しかし、このハートランドは、第二次世界大戦でナチスドイツが目指したもの、冷戦期にソ連が実現した「世界地図」とあまりにも重なり合います。前に触れたハウスホーファーのところでも同様の指摘をしましたが、そもそもハウスホーファーの議論の出発点となっているのが、マッキンダーのハートランド理論なのです。そして第二次世界大戦後のアメリカにも、その理論のエッセンスは引き継がれていきました。

マッキンダーは、後に地政学と呼ばれるようになった自らの「新しい地理学」を、**「地球という舞台の上で同時進行する国際関係を、科学的・客観的に見る視点を提供する学問」**だと定義しています。そのシンプルにして説得力のある世界地図は、今なお地政学の基礎となっているのです。

「海から陸を封じ込める」スパイクマンのリムランド理論

最後にもう一人、**「冷徹な予言者」**を紹介したいと思います。**ニコラス・スパイクマン**（１８９３－１９４３）。１９４１年の暮れ、アメリカ中が真珠湾攻撃に憤激しているなか、アメリカ地理学会において、

「アメリカは近い将来、日本、ドイツと手を結ばなければならない」

と主張して、怒号の嵐を巻き起こした、というエピソードの持ち主です。しかし、轟々《ごうごう》

ニコラス・スパイクマン

たる非難を浴びたこの発言は、スパイクマンの国際政治学者としての確固たる信念に基づくものだったのです。

オランダのアムステルダムで生まれたスパイクマンはジャーナリストとして中東、極東で数年間を過ごした後、アメリカに移住、1928年にはイエール大学の国際学部教授となります。過労から体調を崩し、第二次世界大戦中の1943年に49歳で亡くなったのですが、マッキンダーのハートランド理論をさらに発展させた**「リムランド理論」**を打ち出しました。

「リムランド」の**リム**（rim）**とは縁、周縁**という意味です。つまりスパイクマンはハートランドよりも、その**周辺地帯に着目し、その動向が世界の運命を握る**、と唱えたのです。

スパイクマンは経済と人口に注目します。マッキンダーのいうハートランドは、埋蔵資源量は豊富かもしれないが、ことにウラル山脈以東は人口も少なく農業・工業も盛んではありません。それよりも、**人口が多く、産業も活発であるリムランド（ユーラシア大陸沿岸部の西ヨーロッパ諸国、インド、中国）のほうが重要**だと、スパイクマンは考えました。

スパイクマンがその理論を構築していった１９３０年代は、ドイツの脅威が南北アメリカ大陸にも及んでいました。第一次世界大戦中からドイツはアルゼンチンやブラジル、メキシコにまで、その影響力を及ぼしていたのです。一方、極東では中国大陸に進出した日本がドイツと連携、軍事同盟の締結にまで至ります。日独のリムランド支配はどんどん拡大している状況でした。

ここまでだと、マッキンダーのインナー・クレセントをリムランドに言い換えただけのように感じるかもしれません。スパイクマンの画期的な点は、「ハートランド（ユーラシア大陸中央部）からランドパワーが外に攻めてくる」というマッキンダーの構図を、さらに反転して、「だったら、**外側にあるシーパワーがリムランドを押さえ、ランドパワーを包囲してしまえばいい**」と考えたことです。

後に「バランス・オブ・パワー」の章で詳しく述べますが、イギリスが大陸ヨーロッパの外側に立って、フランス、ドイツ、ロシアなどの大国間のバランスをコントロールしたように、アメリカはユーラシア大陸の外側のバランサーになればいい。そうスパイクマンは考えたのです。

スパイクマンは第二次世界大戦のさなかに、すでに戦後のシミュレーションを重ねてい

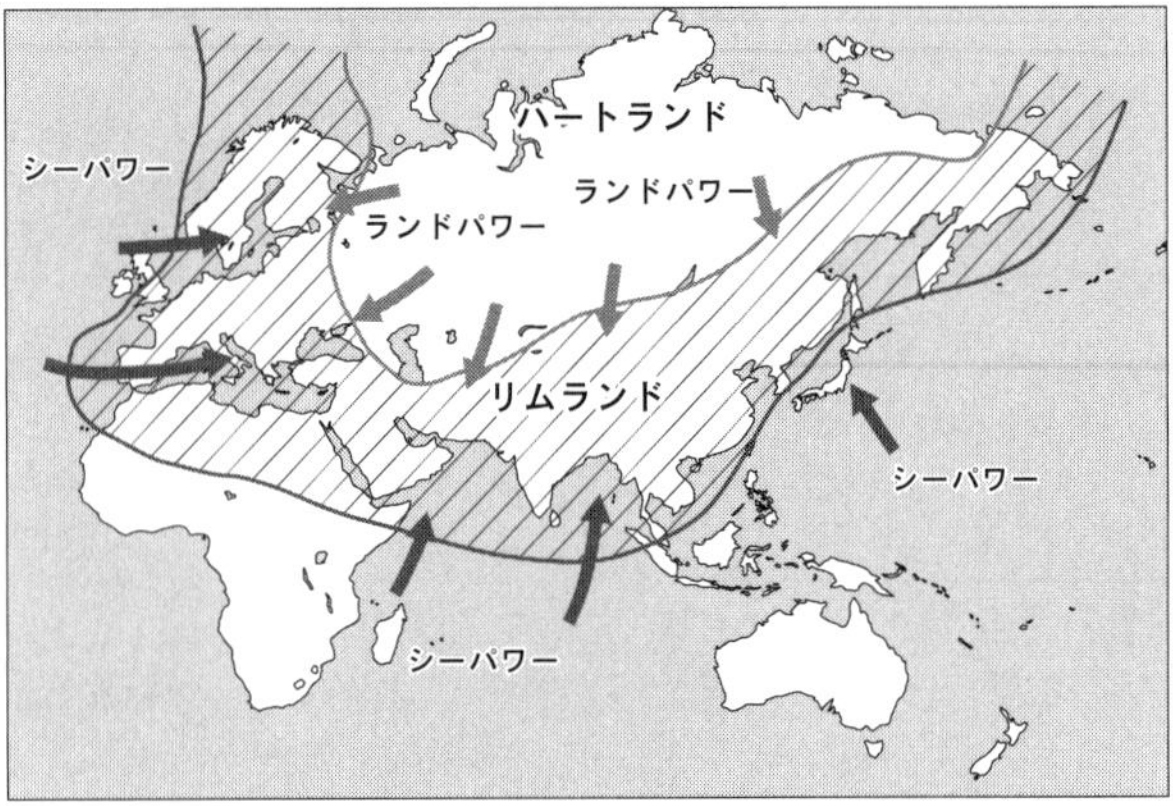

スパイクマンのリムランド理論

奥山真司監修『サクッとわかるビジネス教養　地政学』の図をもとに作成

ました。当時、イエール大学でスパイクマンの授業を受けていた学生の証言によると、そこでは**ロールプレイングゲームを行っていた**、といいます。学生たちに各国の役を割りあて、それぞれの国の戦略、行動を展開させる。それを繰り返すことで、戦後に何が起こるかという世界像を構築していった、というのです。そこにはエアパワー、すなわち航空力が、今後の世界に与える影響も組み込まれていました。スパイクマンは、**航海技術の発展と航空技術によって、「海を越えてまでアメリカに攻め込んでくる勢力はない」という前提に立ったアメリカ孤立主義はもはや成り立たない、**と警鐘を鳴らしています。

彼らがこのゲーム演習によって得た終戦後

の世界像は次のようなものでした。**第二次世界大戦後は、ソ連、中国、インドが地域の大国になるだろう。ソ連が重大な脅威となり、リムランド内部（特にヨーロッパ）で紛争が起こる——**。

そこまで予測したスパイクマンは、**新たなランドパワー大国となるソ連を押さえ込むためには、米英、そして日本を加えたシーパワーの結束と、ドイツの取り込みが不可欠**だという結論に至るのです。

スパイクマンはその著書『平和の地政学』（*The Geography of the Peace*）で「（アメリカの）安全と独立を守るために必要なのは、ユーラシア大陸にある国家がヨーロッパとアジアで圧倒的かつ支配的な立場を獲得するのを不可能にするような対外政策の継続だ」と述べています。これはジョージ・ケナンが提唱した、ソ連に対する「封じ込め政策」をはじめとして、**いまに続くアメリカ外交の大前提**にほかなりません。

次章は、ここで紹介した「世界観」のなかでも最も基本的で重要な「シーパワーとランドパワー」について、現代世界での実例を交えながら、説明していきたいと思います。

2　シーパワーとランドパワー　超大国の「性格」が分かる

古代ローマの勝因は制海権にあった！

前章で紹介したマハンの主著『海上権力史論』は、**その序論で、ポエニ戦争を取り上げています**。ポエニ戦争は紀元前２６４年から紀元前１４６年にわたり、ローマとカルタゴが3度行った戦争です。カルタゴの最高司令官ハンニバルが有名なアルプス山脈越えを行ったのは紀元前２１８年に始まる第二次ポエニ戦争でのことでした。

もともとカルタゴは通商の民として知られるフェニキア人の国で、現在のチュニジアを本拠地に、地中海沿岸、イベリア半島に広がる海洋国家でした。第一次ポエニ戦争の発端も、地中海貿易、安全保障上の重要拠点であるシチリア島をめぐる対立だったのです。

あるとき、マハンは、テオドール・モムゼンの『ローマ史』を読み、ひとつの疑問を抱きました。なぜハンニバルは根拠地のスペインからピレネー山脈を越え、さらにはアルプス越えを行ってローマを攻めるという陸のルートを選んだのか？　マハンの出した答えは、**この時点でカルタゴは西地中海の制海権を失っていたからだ**、というものでした。もしカルタゴが海のルートを押さえていたら、ハンニバルは、より容易に、かつ短時間で兵力をローマ近辺に移動させ、ローマを陥落させていたに違いない、そうマハンは考えたのです。

つまり、**制海権、すなわちローマのシーパワーこそがポエニ戦争の勝敗を決定づけた要因だった、**というのがマハンの分析でした。

さらにマハンは、時代が下ったナポレオン戦争にも言及しています。**ナポレオンが16年もかけてついにイギリスに勝てなかったのも、イギリス海峡の制海権を握れなかったから**ではないか、として、これまであまり論じられてこなかった海上権力の重要性を唱えたのです。

マッキンダーの予測は外れた？

そこで、やはり前章でも触れたマッキンダーの世界史の段階をあらためて検討してみましょう。

前コロンブス時代……馬やラクダが最強の機動力として席巻したランドパワーの時代

コロンブス時代……いわゆる大航海時代以降、ヨーロッパの帆船が世界の海に広がり、海

外の領土や商圏を握ったシーパワーの時代
そして鉄道（後に自動車も）が覇権の鍵となる**ポスト・コロンブス時代**には、**ドイツ、ロシアといったランドパワーが優位となる、**というのがマッキンダーの予測でした。

しかし、**ここで論じられていない重要な交通技術があります。蒸気船です。**

蒸気船の登場は海の交通を一変させました。近年の研究によると、たとえばインドのカルカッタからロンドンまで、１８２０年には１５４日かかっていたのが１８６０年には39日にまで短縮されています。４倍近い速さです。アレクサンドリア（エジプト）－ロンドン間は53日から10日に、香港からも１４１日から54日に縮まりました。しかも帆船は季節によって風向き、天候に運航が左右されます。それに対して蒸気船はそれらに左右されないため、運航日程が確実になったのです。

また帆船時代の貿易は、基本的には地域ごとに現地の商人が携わり、リレーのようにして荷物が運ばれていました。それが蒸気船になると、一度、イギリスの船に物資を積み込むと、そのまま荷を載せ替えることなく、イギリスまで運ぶことができます。つまり輸送インフラの独占が可能になりました。

さらには、船舶が大型化し、港湾都市も巨大化します。それだけインフラ投資も巨額なものになったのですが、ポルトガルやオランダがあくまでも商人中心で貿易を行っていたのに対して、イギリスは貿易を国家事業と位置づけ、国が深く関与していきます。こうしてイギリスは蒸気船時代の海洋覇権を確保していったのです（玉木俊明『人に話したくなる世界史』文春新書）。

実は、**現代でも輸送において、海運は圧倒的に優位を保っています**。世界貿易のうち、海上輸送が占める割合は**金額で7割前後、重量では9割強**を占めます。

マハンが指摘したように、今なお海上輸送は兵士や兵器・弾薬などの軍事物資の運搬といった軍事的利用だけではなく、経済においても主要な手段なのです。さらにいえば、**艦船建造能力などの産業力、港湾などの拠点をつくり運用する能力、通商や外交に不可欠な情報のネットワーク**なども、シーパワーを形成する重要な要素です。そして、**それらの要に位置するのが、かつてのイギリスであり、それを引き継いだアメリカ**なのです。

したがってマッキンダーの予測は外れ、コロンブス時代は今も続いている、といえます。あるいは蒸気船以降は、船に加え、**航空機や通信システムも含めた「新コロンブス時代」**だといってもいいでしょう。

港湾と航路を支配

19世紀から20世紀の初頭にかけて、シーパワーの雄となったのがイギリスです。その大きな特徴は、「点と線による支配」、そして「同盟の戦略」でした。

イギリスは１５８８年にアルマダの海戦でスペインの無敵艦隊を破り、１８０５年にはトラファルガーの戦いでナポレオンが君臨するフランスを破るなど、重要な海戦で勝利を収めた海軍強国ではありますが、実はいずれもイギリスにとっては防衛戦争でした。圧倒的な海戦力でヨーロッパを支配したわけではありません。

島国であるイギリスは、本国の領土がそれほど大きくはなく、人口も世界各地を占領支配しつづけられる規模ではありません。そこで彼らが編み出したのは、**世界中で自分たちの拠点となる港湾（点）を押さえ、それを結ぶ航路（線）を支配する「ネットワーク型の支配」**だったのです。

イギリスが置いた主な海外拠点としては、カナダ、オーストラリア、インド、南アフリカなどの英連邦諸国をはじめとして、地中海方面では、大西洋との境目にあたる**ジブラル**

タル、中央に位置する**マルタ島**、東地中海の**キプロス島**が挙げられます。中東では、エジプトの**カイロ**、**アレクサンドリア**、そして**スエズ運河**を押さえ、極東では**シンガポール**が重要な拠点でした。

現在でも、造船所が置かれているジブラルタル、ペルシャ湾、紅海、インド洋における中継地であるバーレーン、ペルシャ湾のすぐ外側に位置するオマーン、インド太平洋地域で艦艇の修理と補給も行うシンガポールに、英海軍の基地があります。

このように、イギリスが海外に展開したネットワークは経済にも及びました。ロンドンの**ロンバート街は世界の金融の中心**となり、今なお**保険ビジネスの中心である保険組合「ロイズ」**も結成されます。

「ライオン」ナポレオンに「猫と犬」の同盟で挑む

このイギリスの「点と線による支配」は次章の「ルートとチョークポイント」で、「同盟の戦略」は、「グランド・ストラテジー」と「バランス・オブ・パワー」の章で、さらに詳しく論じますが、その同盟戦略を端的に表しているのが、１８１５年にナポレオンを打ち破った**ワーテルローの戦いでの同盟工作**です。

戦略家のエドワード・ルトワックは「**ナポレオン軍が『ライオン』なら、イギリスが集めたのは『猫と犬』の同盟軍だった**」と表現しています。

このとき、ナポレオンが率いた軍勢は12万人。それに対して、イギリスの経験豊富な主力部隊は北米での米英戦争に派遣されており、訓練も武器も決して十分とはいえない状態でした。そのなかで、イギリスは時にはフランスの支配地をかいくぐるなどの危険を冒して、同盟交渉を進めます。しかし集まった「同盟軍」は、あまりにも小規模だったり、やってくるのが遅すぎたりと、いかにも「寄せ集め」でした。それでも最終的には、イギリス・オランダ連合軍11万人、プロイセン軍12万人にのぼり、ナポレオン軍を打倒します。**こつこつ集めた「同盟」が、ヨーロッパ最大の陸軍大国に勝利した**のです。

ルトワックは、第二次世界大戦後に結成した**NATOにも、イギリスの同盟戦略を見て取ることができる**、としています。

「〔NATOの〕加盟国には、アイスランドやルクセンブルクのような小国（略）も加えている。同盟国のいくつかは、兵力も装備も貧困で、訓練も十分ではなく、忠誠心も高くはない。**しかし戦闘力としてはほとんど無価値に思える小国でさえも、イギリスは無視し**

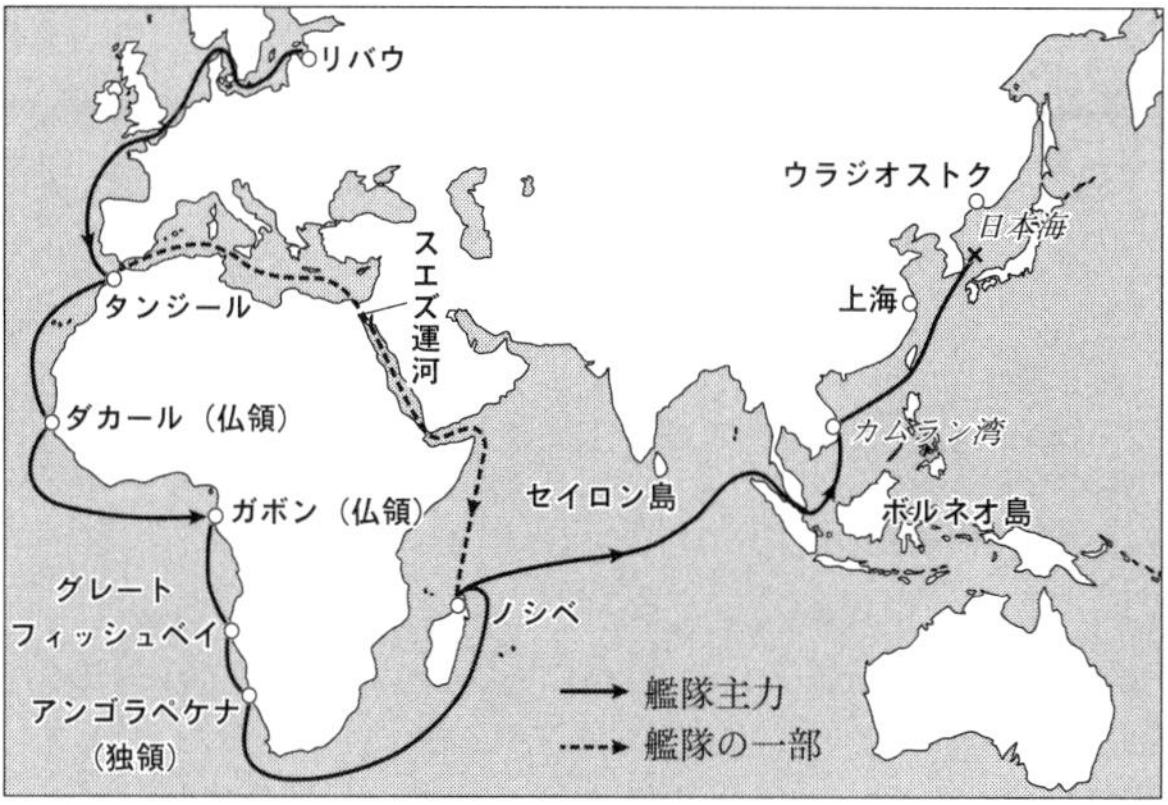

バルチック艦隊の航路

ていない。彼らを同盟国としてリクルートすることこそ、イギリスを世界の覇権国たらしめたやり方だったのである」（エドワード・ルトワック『戦争にチャンスを与えよ』文春新書）

そうした小国をも誘い込んで、大国を包囲する同盟戦略は、点をつないでネットワークとする海洋国家らしい発想だといえます。

バルチック艦隊を破ったイギリスのアシスト

「点と線による支配」と「同盟の戦略」、この2つの戦略が遺憾なく発揮された例が、日露戦争での日本海海戦でした。

ロシアは日本の制海権を脅かそうと、バルト海に拠点を持つバルチック艦隊をはるばる日本海まで派遣します。

ところが、イギリスが日英同盟を結んでいたために、まずイギリスが支配していたスエズ運河の航行が制限され、イギリス側の国に寄港することができなかったのです。寄港先をみると（前ページ地図）、露仏同盟を組んでいたフランスの植民地の港が目立ちます。そのため、艦隊の主力は喜望峰を回るというさらなる長距離ルートを取らざるを得ず、途中、十分な補給、修理などもままならない状態で、日本海にやってきたのです。また良質な石炭もイギリスが押さえていたので、入手に苦労させられた上に、ロシア艦隊の動きは、イギリスの情報網によって、日本に筒抜けでした。

まさに**イギリスのシーパワーが、日本海海戦という海戦史上でもまれな完勝を、強力にアシストした**のです。

海洋覇権を引き継いだアメリカ

先にイギリスの国力のピークは１８６０年代だったと述べました。それ以降も巧みな外交戦略と積み重ねてきた海洋権益によって、リーダー国の地位を守ってきたイギリスですが、ロシアも含む欧州全域において未曽有の犠牲を生んだ第一次世界大戦（９００万人以上の兵士と、７００万人を超える民間人が命を落としたとされます）を経て、やはり国力をすり減らした第二次世界大戦後は、**そのポジションをアメリカに引き渡さざるを得なくなります。**

　私たちからみるとアメリカは広大な領土を持つ「大陸」ですが、**地政学的には「巨大な島国」**であり、ことにイギリスの衰えが顕在化《けんざいか》してからは、マハンの予言通り、シーパワー大国への道を進みます。

　たとえば、アメリカの主な植民地はカリブ海地域とフィリピンくらいで、海外に大きな領土を持とうとしませんでした。そのかわり、**門戸開放政策を掲げ、マーケットの拡大を進めようとします。その帰結がいまのグローバル市場経済**だともいえるでしょう。

　第二次世界大戦後のアメリカは、多くの通商システムを提供、整備する役割も、イギリスから引き継ぎました。通信でいえば**海底ケーブルの敷設、インターネットのシステムも、アメリカ主導によるもの**です。また**航空の分野でも覇権を握ったのはアメリカ**でした。

　それらのシステムを管理、維持するためには、当然、莫大なコストがかかります。その相当の部分をアメリカが担っていることは間違いありません。その最大の「インフラ」が、

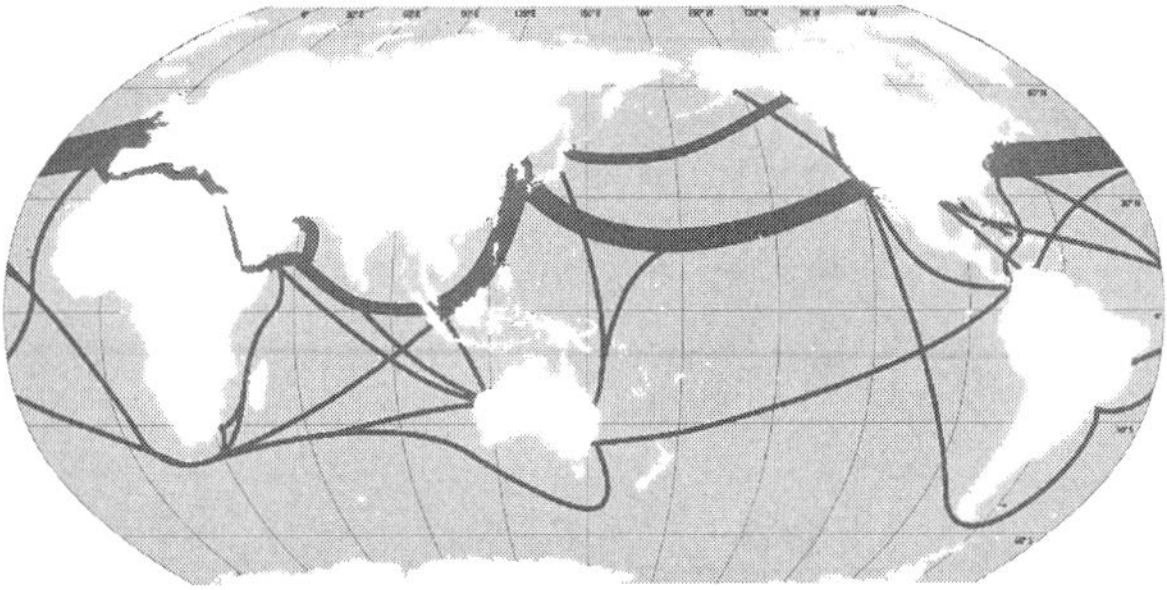

主要な海洋輸送ルート

国際海事機関（2018）のデータをもとに作成

米軍です。**マハンは「海軍は通商保護のために存在する」と喝破しました**が、米軍の圧倒的な海軍力は、現代においても海洋における安全で自由な航行の最大の支えとなっています。たとえば日本のタンカーが中東から無事に石油を運んでこられるのも、**マラッカ海峡をはじめ、海の要所要所を、米海軍が押さえているから**なのです。

　これについては、印象的な場面に遭遇したことがあります。世界最古のシンクタンクといわれる「ロイヤル・ユナイテッド・サービス・インスティテュート」（RUSI）で、最初の章でも紹介したジョン・アイケンベリーが講演したときの話ですが、アイケンベリーはリベラリズムの立場から、アメリカが世界を軍事的に支配する力を失ったとしても、これまで形成され、世界中で遵守されている国際的なルールとか秩序、システムは揺らがない、と語ったのです。すると、会場から、自分はイギリス海軍のＯＢだが、と前置きがあって、**「あなたは世界の秩序を誰が担っていると考えますか？」**と問いただしたのです。アイケンベリーが、いま話した通り、いま出来上がっている秩序は、特定の何かが担っているのではなく、参加している国々が支え合っているのではないか、というようなことを言うと、質問者は、「そうではない。いまの世界の秩序を担っているのは米海軍だろう。なぜ、それを認めないのか」と食ってかかったのです。私も会場にいましたが、非常に興味深いやりとりでした。

ランドパワーの目標は「領土の拡大」

ここまでイギリス、アメリカといったシーパワー国家の戦略をみてきました。では、一方のランドパワーは何を目指しているか。**一言でいうなら「面（領土）の拡大」です。**

前の章でもみたように、ラッツェルやチェーレンといったドイツ系の地政学では、**「領土が拡大すれば拡大するほど国家の安全は増す」**と考えました。**ヒトラーも『わが闘争』で、「領域の広さは他国からの安全を決定する致命的な要素となっている」**と述べています。

たしかにヒトラーは**ソ連の広さに敗れた**（正確には、領土の広さと、気候の寒さを利用した戦術）ともいえます。ナポレオンも同様で、物資や食糧を焼き払いながら後退していくロシア軍の戦術の前に、兵站が続かず、敗走を余儀なくされました。日中戦争では、日本軍が中国の内陸まで引き込まれ、勝利を得ることができませんでした。

しかし、その一方で、**領土を拡大させるほど、守るべき国境線も長くなるというジレンマ**が生じます。ロシアや中国といった大国で本気で国境線を守ろうとすると、そのコストは膨大なものになってしまうのです。

その象徴が、**中国の万里の長城**でしょう。紀元前２１４年に秦の始皇帝が、北方の遊牧民族匈奴に対する防衛のために築いたものですが、その後、明に至るまで整備、修築、移転などが繰り返され、その総延長は２万キロを超えると発表されています。しかし期待ほどの効果はなかったようで、**長城建設後も中国は幾度となく北方民族の侵略を受けてきました**。それほど陸の大国で、国境を防衛するのは難しいのです。

その**ジレンマを解消するのが、馬や鉄道といった高速の移動手段**でした。古くはアケメネス朝ペルシア、ローマ帝国から、近代ではナチスドイツが建設したアウトバーンまで、

陸の大国はいずれも「道」を整備し、迅速な情報伝達と兵力の移動によって、広大な領土を守ろうとしました。

また近隣国が「敵」となるのを恐れて、先手を打って征服したとします。すると、今度は**「占領」というコストが重くのしかかってきます。**たとえ征服したとしても、多くの場合、征服された地域の人々は潜在的な敵対心を持ち続けるでしょう。そうした地域を支配し続けるのは、軍事的にも政治的にも非常に負担が重く、征服している側の体制にほころびが生じるや、あっという間に離反が起こります。

歴史を振り返っても、**ランドパワーは、地続きであるがゆえに、拡大するときのスピードは速く、その領域も広大なものになります。**しかし、アレクサンドロス大王のマケドニアのように、**長く維持することはなかなか困難です。**

また興味深いのは、ロシアにせよ、中国、あるいはドイツにしても、政体や指導者は代わっても、**またいつの間にか、その地に強大な国家が生まれている**ことです。ロシア帝国が滅び、ソ連が解体しても、プーチンの「帝国」が築かれる。2つの世界大戦に敗北しても、EUのリーダーとして再生したドイツしかりです。ランドパワーは敗れるが滅びない。これも地政学的知見のひとつかもしれません。

ロシアの海洋戦略

続いてランドパワーと海とのかかわりについて考えてみたいと思います。ランドパワー国家も、海への野心は当然あります。

ロシアが南方に進出しようとするとき、伝統的に5つのルートがあります。

1　バルト海ルート。北にスカンジナビア半島が覆いかぶさるバルト海は、ロシアの内海でもありました。バルチック艦隊の根拠地もこの海に面したカリーニングラードです。ロシアにとって数少ない、自国の沿岸をたどるメインルートです。

2　ヨーロッパ陸ルート。ベラルーシ、ポーランドからドイツに入る陸のルートです。第二次世界大戦で、ヒトラーがモスクワを攻めたのも、逆にソ連軍がベルリンまで攻め込んだのも、このルートでした。

3　黒海ルート。バルカン半島、クリミア半島などに囲まれた黒海から、ボスポラス海峡、ダーダネルス海峡を経て、エーゲ海、地中海に出るルートです。現在、ロシア・ウクライ

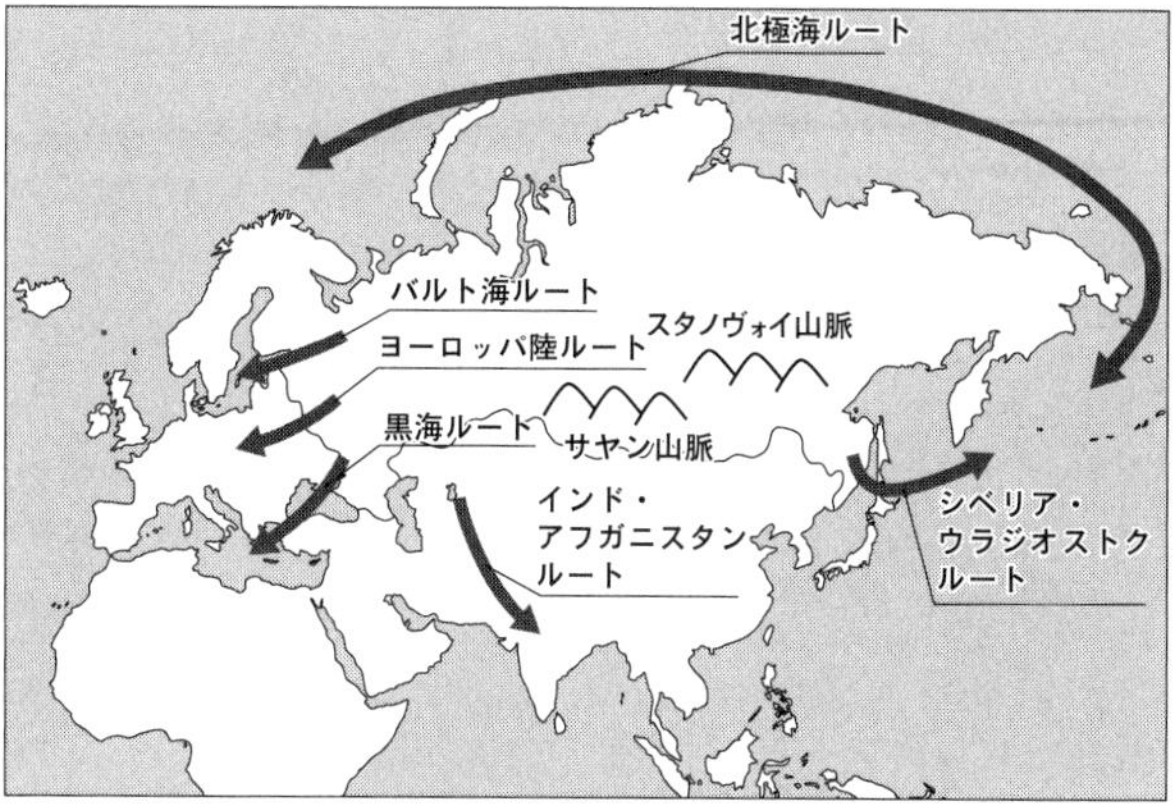

ロシアの対外進出ルート

奥山監修前掲書の図をもとに作成

ナ戦争が起きている係争地です。

4　インド・アフガニスタンルート。ソ連時代、アフガニスタンに侵攻したルートです。アフガニスタンは「文明の十字路」と呼ばれ、いまも6カ国と国境を接する交通の要所ですが、地形が険しく、イギリス、ソ連、アメリカと、攻め込んだ大国はいずれも撤退を余儀なくされています。

5　シベリア・ウラジオストクルート。ユーラシア大陸の東側で、太平洋に面しています。ウラジオストクはシベリア鉄道の終着駅で、ロシアの太平洋艦隊の基地が置かれています。

そして、最後に2000年以降に見いだされた**北極海ルート**があります。このルートが実現すると、日本とヨーロッパ間の距離は3

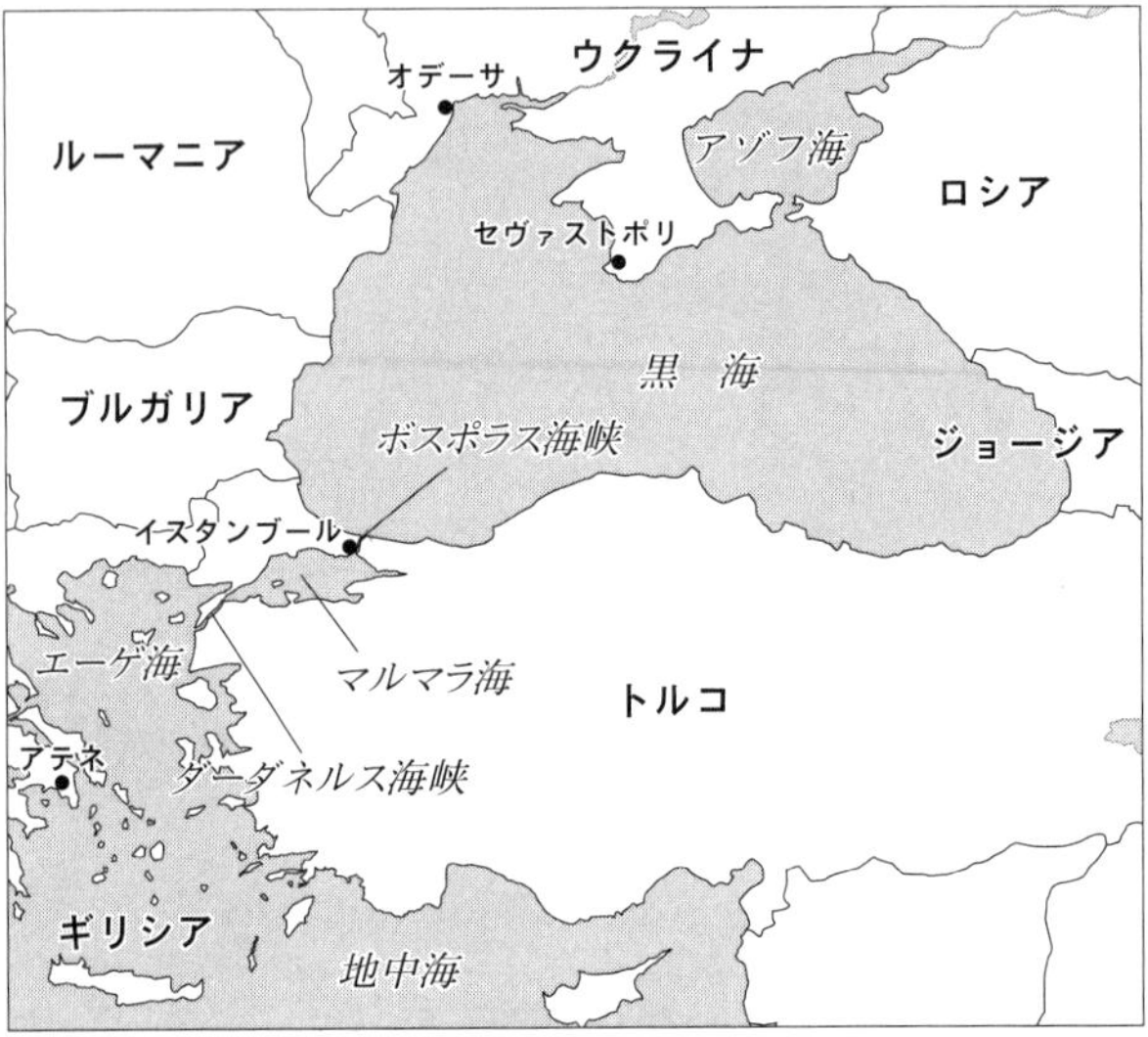

黒海と地中海

割も短くなりますが、ロシア・ウクライナ戦争の影響もあり、開発が進んでいません。

言い換えると、ロシア南方にはスタノヴォイ山脈、サヤン山脈があるため、南に進出するためには、この5つのルートしかありません。しかも、このうちの多くが現在、使用困難になっています。そして、それは**プーチンの「地政学的失敗」**に負うところが大きいのです。

プーチンの「地政学的失敗」

少し詳しく見ていきましょう。

まずソ連時代です。冷戦開始後、アメリカが打った手は、反目しあっていた**トルコとギリシアを抱き込むこと**でした。なぜなら、**ボスポラス海峡とダーダネルス海峡に面したトルコ**は、対岸ギリシアとともに、**黒海から地中海に抜ける重要な位置を占めている**からです。１９５２年、両国はそろってＮＡＴＯ入りし、**ロシアの黒海ルートの出口を塞ぐ**役割を担いました。

さらに１９７９年に**ソ連はアフガニスタンに侵攻**。10年近く泥沼の介入を続けた末、１９８９年に撤退。インド・アフガニスタンルートは、このあと使えなくなっています（現在では、これに代わり、ロシアからアゼルバイジャンやカスピ海を経由して、イラン、さらにはインドのムンバイに至る南北輸送回廊の整備が進んでいます。その一方、アゼルバイジャンとの間に国境紛争を抱えるアルメニアはロシアに対する反発を強めています）。

そして、冷戦終結後の１９９４年、エストニア、ラトビア、リトアニアのバルト三国がＮＡＴＯ加盟を目標として動き出します。１９９７年には東欧のミドルパワーであるチェコ、ポーランド、ハンガリーの加盟が認められ、２００４年にはついにバルト三国、さらにスロバキア、スロベニア、ブルガリア、ルーマニアも加わります。

ここで大きいのはブルガリアとルーマニアです。両国がＮＡＴＯに属したことによって、

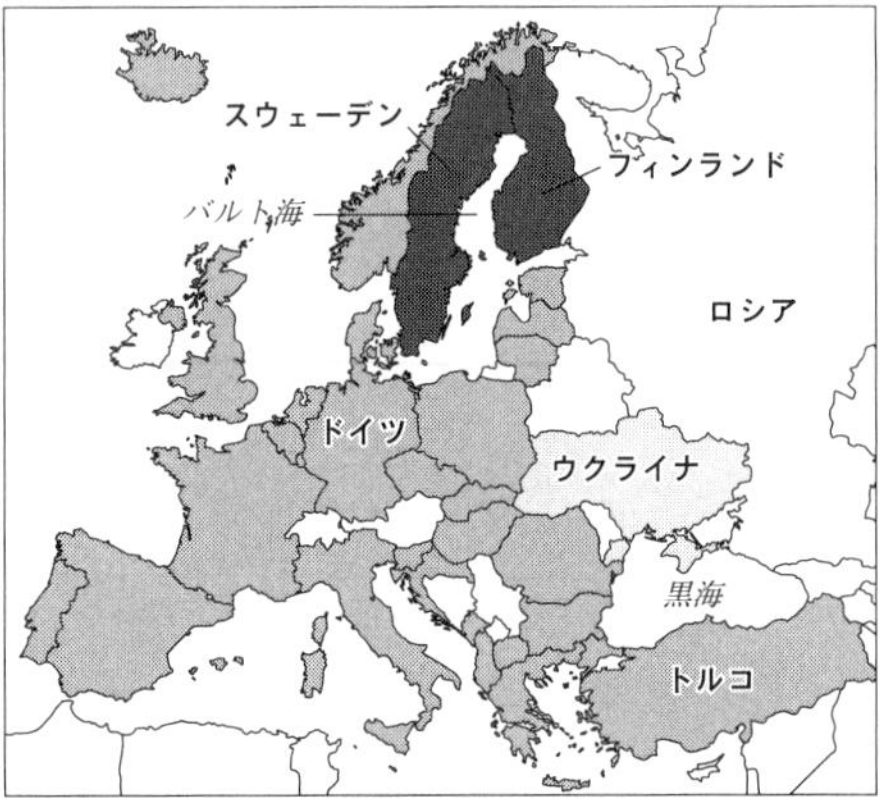

バルト海とNATO加盟国

北國新聞2023年3月30日の図をもとに作成

冷戦期はソ連（ロシア）の「内海」であったはずの黒海の西側が、**NATO加盟国で囲まれてしまった**のです。前述の通り、南側のトルコもNATO加盟国です。しかも、黒海艦隊の拠点である**軍港セヴァストポリを擁するクリミア半島**は、冷戦後に独立した**ウクライナの領土**になっていました。

ここからプーチンは「反攻」を開始します。2008年夏にロシアは、ジョージア（グルジア）の南オセチアとアブハジア自治共和国に軍事介入しますが（いわゆる**南オセチア紛争**）、これを地政学的な観点で見ると、**「NATOの海化」が進んでしまった黒海を取り戻そう**とした行動だと解釈できます（最初に軍事的な攻撃を仕掛けたのはジョージア側ですが）。そして**2014年にはクリミア半島に侵攻**し、形式上はウクライナに借りていたセヴァストポリの軍港を、半島ごと占領します。

そして２０２２年、ロシア・ウクライナ戦争の開始です。その結果、**フィンランドとスウェーデンのＮＡＴＯ入り**が決定しました。

これが地政学的には、決定的な失敗でした。数少ないロシアの「内海」で、重要な南下ルートであったはずの**バルト海が「ＮＡＴＯの海」になってしまった**からです。

ヨーロッパ陸ルートは、やはりＮＡＴＯ加盟国であるポーランドとドイツに阻まれていますから（ポーランドは最も強固なウクライナの支援国のひとつです）、プーチンは「出口なし」の状態に、ロシアを追い込んでしまったことになります。

プーチン大統領は**「ＮＡＴＯの東方拡大に紛争の責任がある」**との発言を繰り返していましたが、バルト三国をはじめ、冷戦時代に属国同様にみなしてきた旧ソ連邦の国や衛星国が、**ロシアからの脅威に対抗するためにも、雪崩《なだれ》を打って西側に駆け込んだ**という側面は否めません。ロシアがバルト海を「ＮＡＴＯの海」にしてしまい、黒海での支配権も怪しくなってきた（ロシアの侵攻で、ウクライナからの穀物などの輸出は一時減少しましたが、オデーサからルーマニア、ブルガリアの沿岸を通る黒海新ルートが開かれ、ウクライナからの輸出量は侵攻前の水準に回復しています）直接の原因は、やはり、独立国であるウクライナを「本当はロシアの一部なのだ」と主張する**プーチンの「世界観」の歪み**にあったことは疑いようがないでしょう。

支配するか服従するか

このプーチンの姿勢からは、重要な教訓を得ることができます。

大国、ことに陸の大国は、「**小国は大国に従うべきだ**」という抜きがたい「世界観」を示す傾向があります。しばしば中国の外交官が「小国のくせに」とか「立場をわきまえろ」と発言して物議《ぶつぎ》を醸《かも》しますが、**征服するか、支配されるか**という二者択一になりやすいランドパワーのあり方に起因していると考えることができます。

これは海と陸という地理的条件の違いも大きく影響していると考えられます。英米のようにシーパワーの国は、海を隔てて、いわば**十分に距離を取って、他国と付き合うのが基本姿勢**です。**関与がうまくいかなかったら、撤退すればいい**のです。しかし、陸続きのランドパワー国家は、そうはいきません。隣接している相手国とは、関係が決定的にこじれてしまったら、**最終的にはぶつかり合って、雌雄を決するほかない**。大国と付き合うときには、そんな「地政学的体質」も考慮する必要がありそうです。

中国の海洋戦略

次に中国をみてみましょう。**中国も典型的なランドパワー国家**です。これまで中国が本格的に海の外へ乗り出す姿勢をみせたのは、モンゴル帝国による元寇と、明の時代に行った鄭和の大航海など、数えるほどしかありません。最近の研究では、いわゆる元寇も、中国伝統のスタイルである朝貢外交を日本に打診したところ、鎌倉幕府が使者を殺すなどの強硬姿勢を示したために起きた、という説が唱えられています。それほど、海への進出には慎重なのが中国です。

そんな中国が近年、**南シナ海、東シナ海で侵略的行為をくり返し、一帯一路構想では「帯＝陸路」とともに「路＝海路」への進出**も掲げています。さらには台湾進攻の懸念も高まっています。中国に何が起きているのでしょうか。

中華人民共和国が建国されて70年あまりが経ちますが、いま中国は長い歴史を振り返っても稀有《けう》な状態にあります。それは、**陸での主な国境紛争が解決している**ことです。

1960年のミャンマーとネパールを皮切りに、1963年にはアフガニスタンとパキスタン、１９６４年にモンゴル、１９９１年にラオス、１９９３年にベトナム、翌年にカザフスタン、２００２年にタジキスタンときて、２００４年にはロシアとの国境をすべて画定しました。インドの山岳地帯などではまだ軍の小競り合いも起きていますが、それ以外の、**50カ所以上の国境画定を中国共産党は成し遂げています**。これは歴史的な快挙といえます。ほとんど有史以来、**中国は内陸での脅威を感じない状態にある**のです。

　とはいえ、陸に憂いがなくなったから海へ出よう、というほど、単純な話ではありません。中国が海洋進出を急ぐ背景には、もうひとつ、彼らが抱える「爆弾」が存在しているのです。それが**「マラッカ・ジレンマ」**です。

「世界の工場」と言われて久しい中国ですが、その経済発展を支えたのは、なんといっても輸出です。実は中国は人口比でいうと、決して資源が豊富な国ではありません。資源を輸入して、製品にして輸出する。膨大な人口を支える食糧も、かなりの程度、輸入に頼らざるを得ません。

　では、中国はなぜ安心して経済活動に勤《いそ》しめるのか。それは先ほども触れた、**米海軍のおかげ**なのです。米軍がマラッカ海峡など、**中国の交易ルートをしっかり守っている**から、さらにいえば、アメリカをはじめとする**自由主義経済圏が構築したさまざまなシステムや**

インフラがあるから、中国経済は成り立っている。**中国の繁栄は、アメリカのシーパワーに依存したものだったのです**。いま中国が、アメリカのシーパワーに挑戦しようとすると、自らの成功の基盤を掘り崩すことになります。では時機を待てばいいかといえば、この先には、日本の少子化を上回るスピードでの人口減が待ち構えています（２０２２年の合計特殊出生率は日本が１・２６、中国は１・０９です）。

　このジレンマを乗り越えるためには、どうしたらよいか？

　第一の道は、**アメリカに依存しない、独自の経済圏を構築すること**ですが、内需拡大を狙おうにも、すでにインフラ投資の過剰による不動産バブルの崩壊でどうにもならない。もうひとつは、中国を中心としたデジタル経済圏を立ち上げることでしょう。アメリカもそこを見越して、近年、中国で最先端の半導体が生産できなくなるような規制強化を行っています。

東シナ海、南シナ海を狙う理由

　そして、第二の道が、**東シナ海と南シナ海を、中国の「内海」にしてしまうこと**です。

中国の第一列島線、第二列島線

“Military Power of the People’s Republic of China 2006” をもとに作成

これまで中国は南シナ海に7つの人工島を建設、少なくともそのうち3つは完全に軍事基地化していると見られています。鄧小平が提唱した**「第一列島線」**は南西諸島－台湾－フィリピンを結ぶラインで、尖閣諸島も含まれています。さらに小笠原諸島－グアム・サイパンを結ぶ**「第二列島線」**を設定し、この海域での制海権の獲得を目指すと主張しています。

これが実現したら、**最もダメージを受けるのが日本**でしょう。日本は現在、**マラッカ海峡からシンガポールを通るルート**で石油を輸入していますが、東シナ海、南シナ海を中国に封鎖されたら、**オーストラリアをぐるりと回るバス海峡・南太平洋ルート**を通ることに

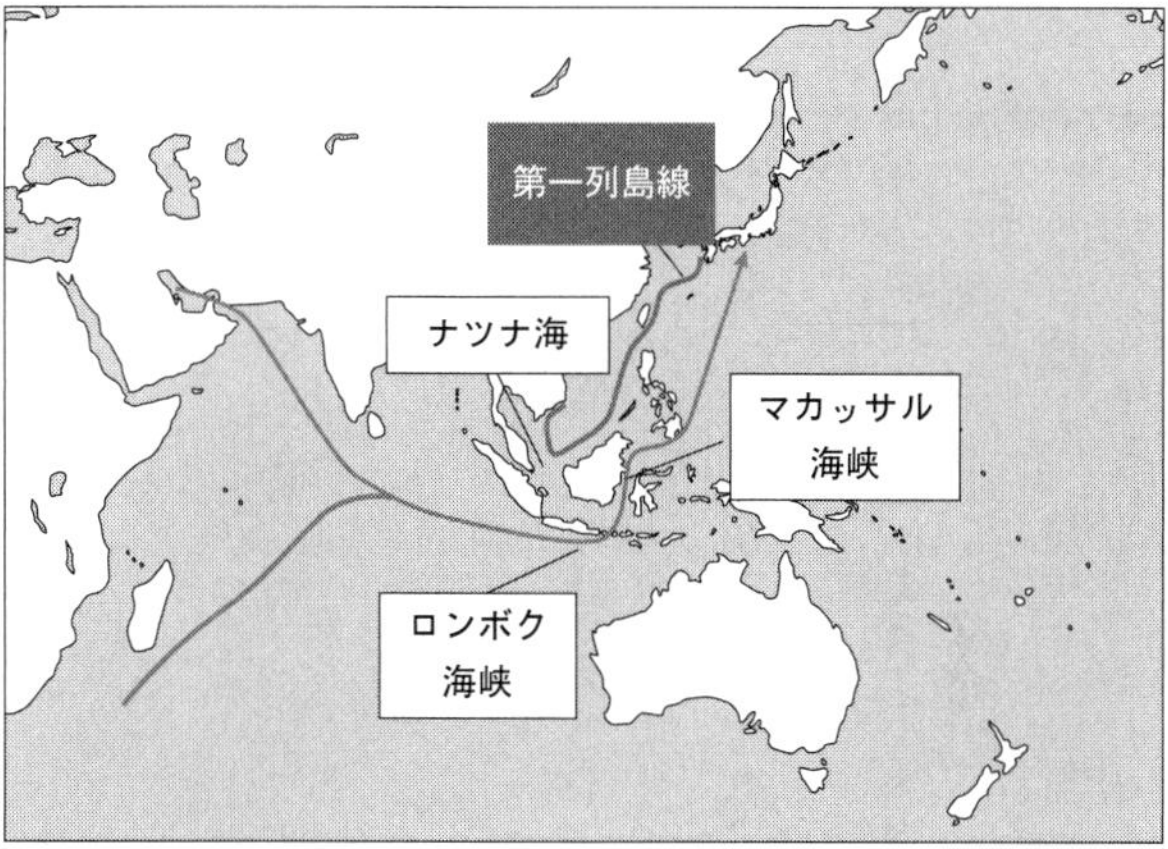

第一列島線以西の航行ができなくなった場合の予想航路

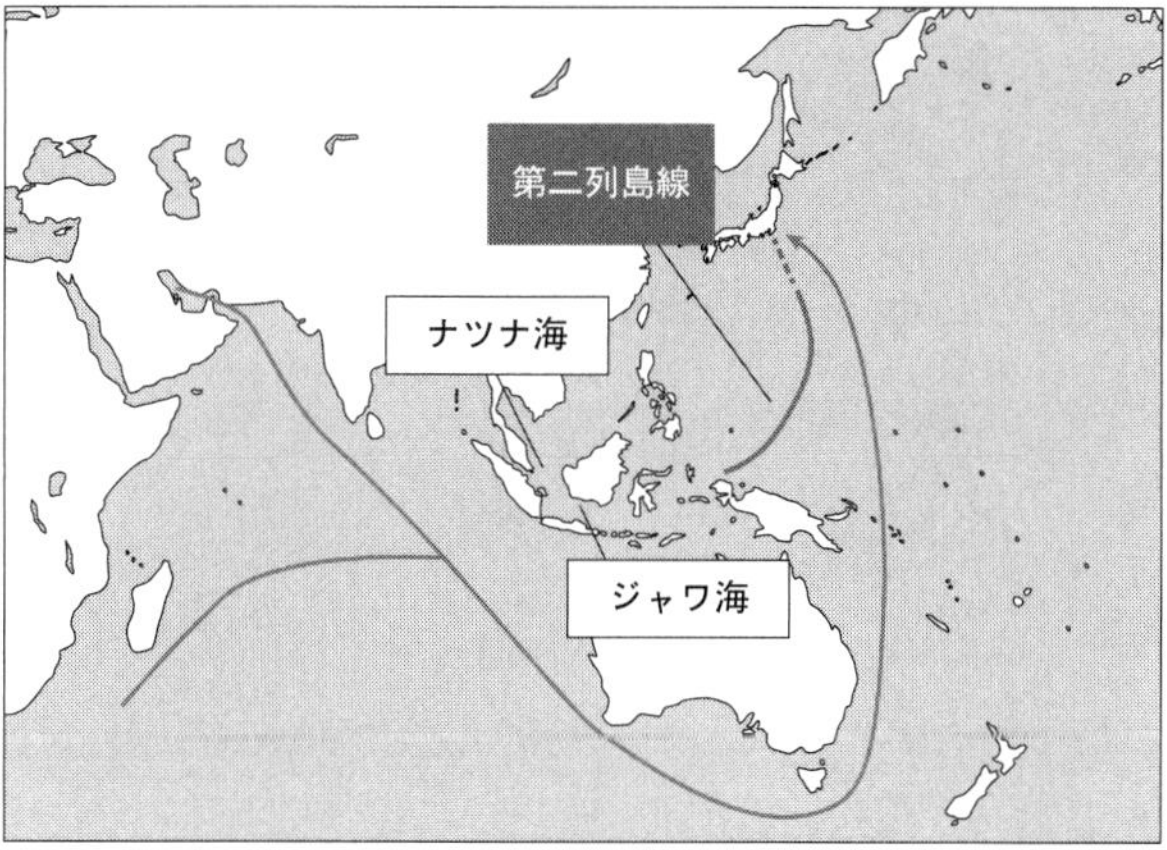

第二列島線以西の航行ができなくなった場合の予想航路

ともに秋元一峰「南シナ海の航行が脅かされる事態における経済的損失」
海洋政策研究財団海洋情報特報をもとに作成

なります。そうなれば、あまりにも時間とコストがかかりすぎ、日本経済は破綻すると試算されています。

スパイクマンが指摘した「アジアの地中海」

実は、この中国の海洋進出を予想していたのが、前の章で登場したスパイクマンでした。スパイクマンはなんと**1941年の時点で、「台湾、シンガポール、オーストラリア北端のヨーク岬半島付近に位置するトレス海峡を結ぶ三角形」の海域を「アジアの地中海」と呼び、**「将来いつかの時点で、**中国のエアパワーが『アジアの地中海』をコントロールするかもしれない**」と言及しているのです。

この予測はスパイクマンが唱えた「内海の法則」に基づくものでした。それは「**国が対外進出する際には、自国の周辺の内海を支配しようとする**」というものです。たとえばアメリカは世界の海に進出する前に、メキシコ湾、カリブ海から、イギリス、フランス、スペインなどを排除し、自国の「内海」としました。同様に、古代ローマは通商国家カルタゴを潰して地中海を握り、イギリスはイギリス海峡から北海、そしてマルタ島を支配下に置くことで地中海を押さえます。そしてこれらの「内海」を拠点として、世界帝国になっていったのです。**太平洋戦争において、この「アジアの地中海」に進出したのは日本**でした。戦後は入れ替わるようにして、アメリカがこの地域に強い影響を及ぼしています。

しかし、中国の「アジアの地中海」進出は遅きに失した感もあります。中国がこの海域を支配するためには、アメリカとの対決が避けられません。シーパワー大国になる端緒を摑む前に、チャンピオンを倒さなくてはならないのです。

「面の支配」から脱却できない

また中国の海洋政策を見ていると、いかにも「陸の国」の発想を脱し切れていません。「第一列島線」「第二列島線」にしても、**領土にこだわり、「面」で支配しようとするランドパワーの戦略そのもの**です。しかし、広大で自由な航行が可能な**海を「面」で押さえることはきわめて困難**です。だから、英米は海を「点と線」、すなわち港と航路を押さえることで効率的な支配を行ってきたのです。

さらにいえば、一帯一路での中国の戦略も、あまり賢明とは思えません。たとえばスリランカでは、中国の融資を受けてハンバントタ港を建設したものの、高金利で返済のめどが立たなくなると、中国国営企業に99年間、運営権を引き渡さざるを得なくなりました。同様にモンゴル、ラオス、キルギス、タジキスタン、パキスタン、モルディブ、モンテネグロ、ジブチといった国々が、**中国に対する債務リスクに見舞われています。**

　イギリスやアメリカといったシーパワー大国の自由貿易戦略は、どの国にも参加しやすく、かつ**参加国にメリットがあるシステムをつくり、いわばその胴元として、世界をコントロールする**ことでした。それに対して、いまの中国の戦略は「支配‐被支配」の構造をつくり、**常に自分が支配者の立場であろうとしている**ことが、あまりにもあからさまに見えてしまうのです。

　かといって、別に英米が「善意の大国」だというわけでもありません。彼らは「島国」という自らの条件から出発して、**より持続的に、自分たちが有利になるような環境をつくっていこうとしているだけ**です。それに対して、**ランドパワーの国々は、彼我の力の差を明らかにすることが、最も安全で、長期的に優位を保つ方法**だと考えているのでしょう。

　シーパワーとランドパワー。同じ大国でも、地政学の眼でその行動様式をつぶさに観察すると、このような違いを見て取ることができます。

3　ルートとチョークポイント　世界を支配できる点と線

人とモノが動く経路

地形をベースに戦略を考えるとき、重要なのはルートとチョークポイントという考え方です。

ルート（route）は英語で道、経路。もはや普通にカタカナの日本語としても通じる言葉でしょう。これは陸でも海でも使われる言葉で、陸ならば道路や鉄道、海では航路を「ルート」と呼びます。人やモノの通り道で、地図では「線」として表されます。

前の章でシーパワーとランドパワーを論じたとき、マッキンダーが輸送手段に着目して、世界史を論じていました。このルートも、輸送、移動と大きく関わっています。

軍隊を移動させる、すなわち進軍する際にも、ルートの確保は不可欠です。ことに大軍を移動させるとなると、陸ならば道の広さや高低差、道路としてのコンディションも重要な要素になります。道が狭かったり、整備がされていないと、そもそも行軍が不可能だったり、通れても時間がかかったりする。これらが戦闘において決定的な勝因（敗因）になり得ることは、ただちに理解できるでしょう。

さらに重要なのは、物資の輸送です。戦時のみならず平時においても、経済を動かすには、物流のルートを押さえなくてはなりません。現代の日本でも、経済を支える石油の通り道、中東からホルムズ海峡を出て、マラッカ海峡を通る「ルート」が死活的に重要であることは先にも述べました。

それに対して、**チョークポイント（choke point）は「点」**です。チョークとは辞書を引くと「窒息させる、息の根を止める」。人体でいうと、喉にものが詰まるイメージです。そこを押さえると、人もモノも通れなくなる地点、それがチョークポイントです。

陸でいえば、城、砦、関所。海でいえば、海峡、岬、港、基地など。このチョークポイントをいかに押さえるかは、古来、軍事の専門家たちが腐心してきたテーマでした。

面…陸－領土　海－領海
線（ルート）…陸－道路、鉄道　海－航路
点（チョークポイント）…陸－城、砦、関所　海－海峡、岬、港、基地

前の章で、シーパワーの雄だったイギリスが海外に置いた拠点について述べましたが、

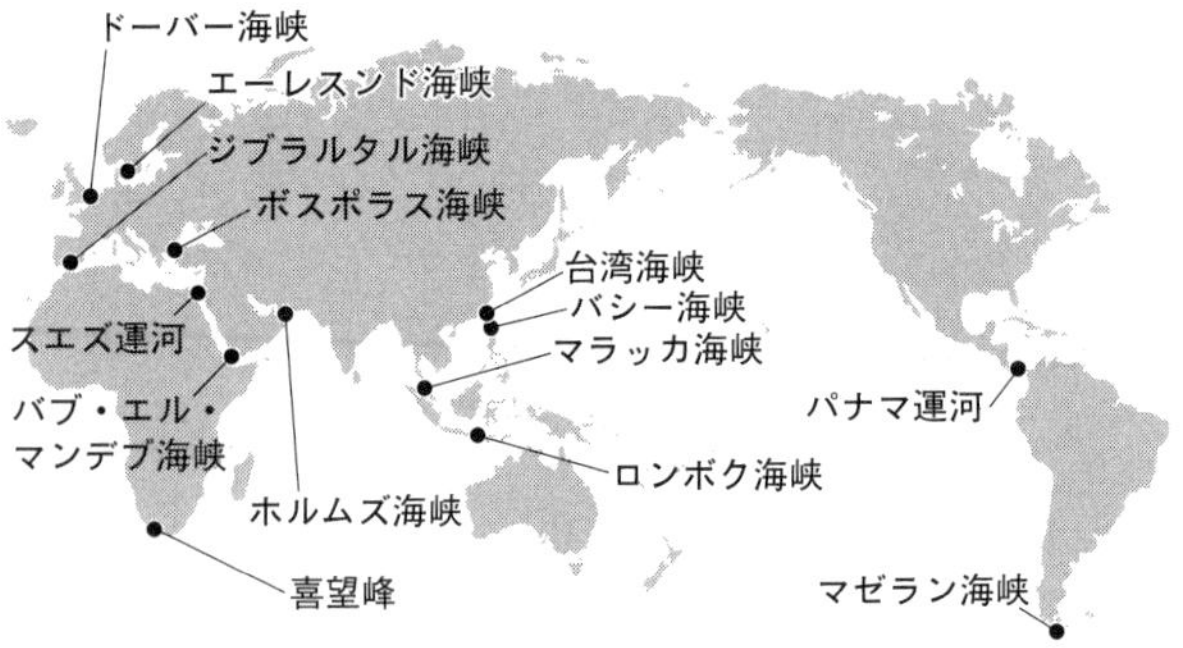

世界の主なチョークポイント

これはまさに「海のチョークポイント」そのものです。

イギリスとヨーロッパ大陸との出入りを押さえる**ドーバー海峡**にはじまり、**ジブラルタル海峡**と**スエズ運河**で地中海の両端を握り、オマーンに基地を置くことで**ホルムズ海峡**にも睨みを利かせています。

もうひとつ中東で重要なチョークポイントが、**バブ・エル・マンデブ海峡**。イエメンとジブチに挟《はさ》まれた、距離にして30キロほどしかない狭い海峡ですが、紅海の出口にあたり、地政学的に非常に重要なところです。かつてはイギリスがイエメンの港アデンを押さえていましたが、今ではジブチに米軍の基地が置かれています。

そして、前にも述べた中東、インドと東南アジア、東アジアをつなぐ**マラッカ海峡**や、大西洋と太平洋を最短距離で結ぶ**パナマ運河**などが、主な「海のチョークポイント」になります。これらの「点」を押さえることは、世界の航路（ルート）を握ることであり、世界の海を支配することになる。これを実行しているのが、アメリカ、イギリスといったシーパワーということになるのです。

米軍が世界に張り巡らせた「拠点」

　また、**チョークポイントやルートに睨みを利かせる拠点を「ベース」（base）**といいます。あるエリアをコントロールするには、拠点を設け、そこに軍隊を駐屯させて、出動可能な状態を維持したり、レーダーで監視したりといった方法が有効です。その「ベース」の代表的な例が、世界に展開する米軍基地です。

　米軍は世界１７０カ国に拠点を置き、45万人以上が海外に駐留しています。そのなかでも重要な基地をいくつか紹介します。

ディエゴ・ガルシア米軍基地　インド洋のディエゴ・ガルシア島は、島全体が米軍基地となっている、インド洋最大の拠点です。モーリシャス領から分離され、１９６５年にイギ

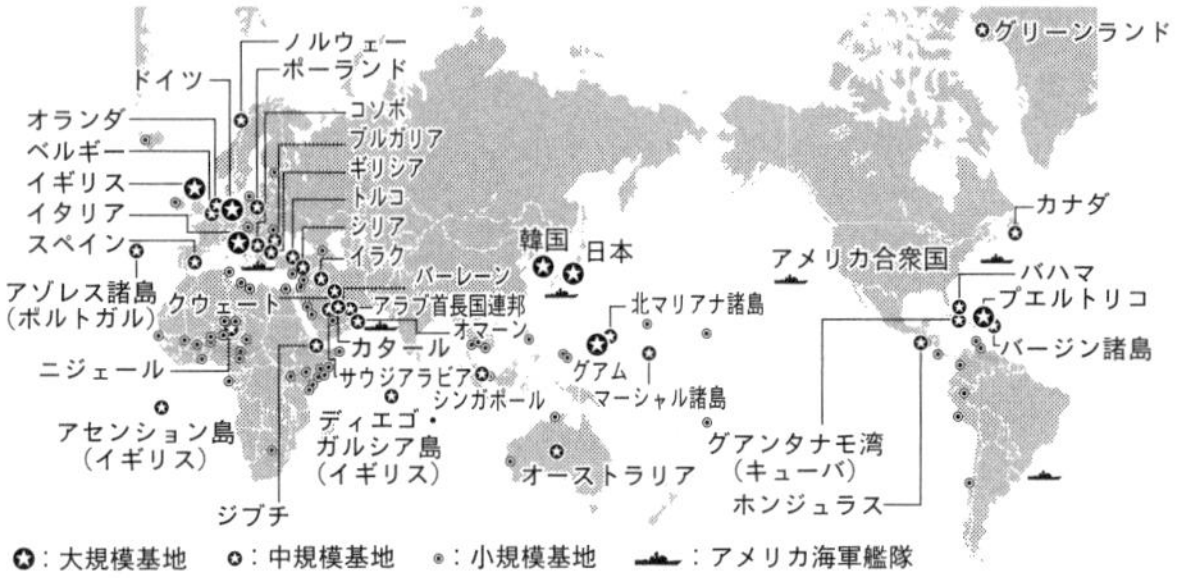

世界の主な米軍基地・艦隊

「MAMOR-WEB」“意外と知らない「アメリカ軍の基礎知識」。陸・海・空、宇宙軍も新設”をもとに作成

リス領になり、いまでは全島がアメリカに貸与されています。中東エリアをカバーしており、湾岸戦争やイラク戦争、アフガニスタン攻撃で、ここから爆撃機が飛び立ちました。

チューレ空軍基地　グリーンランドに置かれたアメリカ空軍最北の基地。ロシア、北極海をカバーしており、弾道ミサイルの警戒や人工衛星の監視を行っています。

ラムシュタイン空軍基地　ドイツにあるヨーロッパ最大の空軍基地。在欧米空軍の司令部のほか、ＮＡＴＯの連合空軍司令部も置かれています。

そして日本にも重要な基地が置かれています。

沖縄米軍基地　ユーラシア大陸の東端近くに位置し、中国の海洋進出を抑えるという目的からみて、ベストポジションにあります。ディエゴ・ガルシア基地などと連携すると、その効果はさらに高まります。最新鋭の兵器が配備され、ジャングル戦用の訓練設備もあるなど、設備・配備の面でも世界最高レベルといえるでしょう。米軍にとっては手放すことのできない「完璧な拠点」だといえます。

米海軍横須賀基地　アメリカにとって国外唯一の空母の母港です。ドライドック（船の整備、メンテナンス施設）が6つもあり、なかでも6号ドライドックは世界最大規模です。主な任務は太平洋、オセアニア地域の監視ですが、米海軍が世界にスムーズに展開するうえでの要の存在です。

海を介して結びつく

海のルートで面白いのは、物理的には大きく離れた土地同士でも、航路によって緊密に結びつくケースがあることです。

たとえば15世紀後期に、アフリカ大陸の南端を通って、インドに至る喜望峰ルートが確立するまで、**アジアとヨーロッパを結ぶルートは中東地域を経由する陸上ルート**でした。

その陸上ルートは、アジアから始まって、それぞれの地域の商人たちがリレーしていくもので、**なかでもイスラム商人の力が大きかった。**ヨーロッパ商人の出番は、地中海以降に限られていたのです。それが海のルートが確立したことで、船を出すヨーロッパの商人たちが主導権を握るようになっていった。**陸から海への大逆転は、アジア、中東優位からヨーロッパ優位への大逆転**でもあったのです。

とはいえ、地図を見ればすぐに分かりますが、喜望峰を回る海のルートは、中東を経由する陸のルートに比べて、物理的な距離は圧倒的に長いのです。一見、遠回りに思えるのですが、一度に大量の物資を運べるということ、荷物の積み下ろしが少なくて済むなどの利便性で優るために、海のルートが強くなっていく。**海には、物理的に離れたものを近くに結びつける**要素があるのです。

私はカナダのブリティッシュコロンビア大学で地理学を学んだのですが、この大学はバンクーバーの西の端にありました。実は今でもカナダには13万人近い日系カナダ人がいるのですが、その中心地のひとつがバンクーバーです。１９００年代、太平洋戦争が始まるまで、日本からの移民が盛んで、日本人街があったり、「バンクーバー朝日」という日系移民の野球チームまでありました。近年、『バンクーバーの朝日』という映画にもなっていますから、観た方もいるかもしれません。なかでも多かったのが和歌山県からの移民でした。和歌山は昔から漁業、海運業が盛んなところです。それが明治になって、カナダでの鮭漁が事業になるというので、太平洋を渡っていった。バンクーバーと和歌山は８０００キロ以上離れていますが、船という輸送手段があれば、心理的な距離はずっと近くなる。

国内でみても、海のルートは思いがけない場所を結びつけます。よく知られているところでは、和歌山県と千葉県には勝浦、白浜、亀山、網代など共通の地名が多い。これは海のルートを介して、和歌山から千葉に移り住んだ人たちが故郷の地名をつけたことに由来します。さらにいえば徳島にも勝浦という地名があり、千葉の一部がかつて安房（あわ）の国と呼ばれたのも、徳島の国名、阿波（あわ）がルーツだという説もあります。

城や関所はチョークポイント

では、ここで陸に目を移してみましょう。

たとえば、日本各地を旅すると、**戦国時代の山城や、もっと以前の古代、中世の城跡**などに出会います。いままでは山の奥だったり、切り立った崖の上だったりして、通る人もまばらな場所もありますが、これらは**当時の「チョークポイント」**だったのです。山中の城跡に上り、下界を見下ろしてみると、ふもとの街道や集落が一望にできる。この地点に、城や砦、見張り台を作られてしまうと、容易に通行することは出来なくなります。

　前に自衛隊のある幹部と話していたときに、「もし、いま日本国内で警戒態勢を敷かなくてはならなくなったとします。そのとき、どこに拠点を置くか、見張りをどこに配置するかを考えると、**必ず、かつて城や砦が築かれた場所になる**んですよ」と言われたことがあります。このことは地理的条件に基づいて合理的に考えていくと、昔も今も重要なチョークポイントはあまり変わらない、ということをあらわしています。

　日本の歴史で説明すると、**京都という地は、まさにルートの交差点**でした。一番重要なルートは、朝鮮半島から海を渡って「日本の玄関」博多に入港し、瀬戸内海を経て大阪から京都に入る「海の道」です。そして、陸路では京都から東へ向かえば、逢坂の関を越え、琵琶湖に出て、日本海に至るルートがあります。さらに東からは、関ケ原から琵琶湖の南を通り、京都に入ることになります。日本列島を横（東西）に進むにも、縦（南北）に行くにも、必ず京都を通らなくてはなりません。これは現代でも同様で、新幹線、高速道路、さまざまな鉄道や国道が京都を通っています。ハブ（車輪の軸）となる土地なのです。

ここで、「世界観」のところで紹介した『孫子』「地形篇」を思い出してください。孫武は、四方に開けて、進むのが容易な地形を「通」と名付けました。まさに**京都は「通」**です。敵味方どちらにも移動が容易なのですが、**それだけに守るのは難しい**。日本史を振り返っても、京都に立てこもって勝利を収めたケースはほとんどありません。源頼朝や徳川家康が幕府を置く場所として京都を選ばなかったのも、南北朝の争いや応仁の乱のような京都を巡る争いにいつまでも決着がつかなかったのも、ひとつには攻めやすく守りにくい京都という町の地政学的特質が大きかった、と考えられます。

では、京都を守るにはどうしたらよいのか。**京都に入るルートの入口を押さえる**ほかありません。東からのルートでいえば、最終防衛ラインは瀬田（現在の滋賀県大津市）になります。琵琶湖から大阪湾に流れる唯一の川、瀬田川（京都に入ると宇治川、大阪では淀川と呼び名が変わります）にかかる橋をめぐって、幾度も歴史を決する合戦が行われました。

壬申の乱（６７２）では、美濃から攻めてきた大海人皇子側の軍勢を、大友皇子軍が迎え撃とうとしますが突破され、勝利した大海人皇子は天武天皇となります。**源範頼・義経と木曽義仲の戦い**（１１８４）でも、義仲側は瀬田橋の橋板を外して守りますが、範頼方に敗れました。さらには**承久の乱**（１２２１）でも、後鳥羽上皇方の京軍が、西上してきた鎌倉幕府軍に敗れています。１３３６年の**建武の戦い**でも、足利軍と朝廷軍が戦い、勝った足利尊氏が京都に攻め上ります。まさに瀬田はチョークポイントなのですが、こうしてみると、京都を守ろうとする側が分が悪いようです。瀬田まで攻めこまれた段階で、すでに劣勢なのかもしれません。

　そこで重要なのは比叡山です。琵琶湖の西南に位置する比叡山延暦寺は、強力な僧兵を擁する重要な軍事拠点でもありました。また**琵琶湖の水運や、そこから荷を運ぶ馬借、さらには土倉と呼ばれる京都の金融業者をも、延暦寺が押さえていた**のです。１５７１年、織田信長が延暦寺の焼き討ちを行ったのも、京都に自由に出入りするためには、その入口に立ちふさがる比叡山を確保する必要があったからでしょう。

　さらに京都の周りには鈴鹿（現在の三重県亀山市）、不破（現在の岐阜県不破郡関ケ原町）、逢坂（現在の滋賀県大津市）に関所が設置されていました。

　時代は下って、江戸時代になると、江戸への出入りを管理する関所が置かれます。有名なところとしては、東海道の箱根、中山道の碓氷、木曽福島、甲州街道の小仏、日光・奥州街道の栗橋などが挙げられます。これらの関所もチョークポイントに置かれていました。

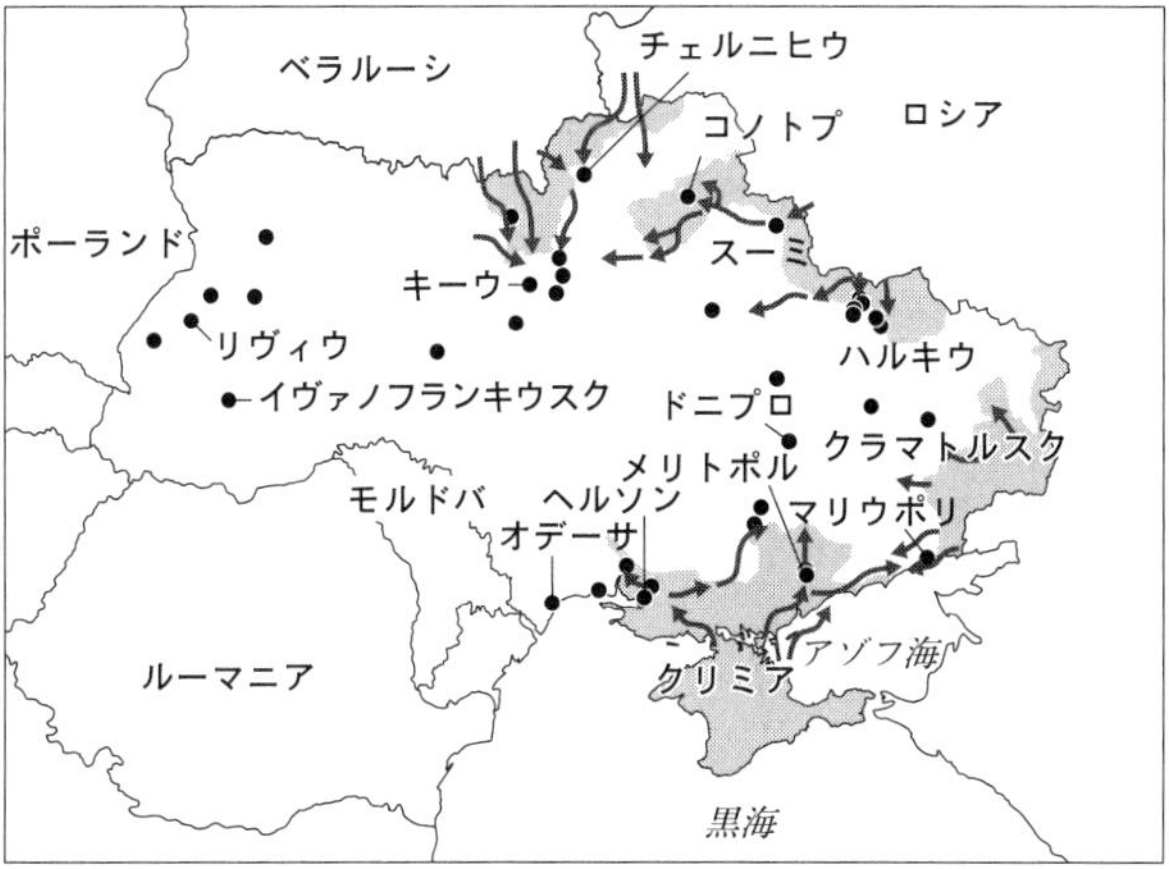

ロシア軍のウクライナ侵攻ルート

2022年3月1日時点。ガーディアン紙をもとに作成

ルートである街道全体を監視しなくても、それらの「点」を押さえれば、人やモノの動きを管理することができるのです。

現代の戦争における「ルート」

現代の戦争でも「ルート」の重要性は変わりません。ロシア・ウクライナ戦争では、ロシア軍、ウクライナ軍の動きが時々刻々報道されましたが、地図を見ると、双方ともにいくつかの「道」に沿って侵攻していることが分かります。**戦車や装甲車が走れる道は限られています**から、いかにルートを制圧するかが重要になるのです。

もうひとつ、例を挙げてみましょう。

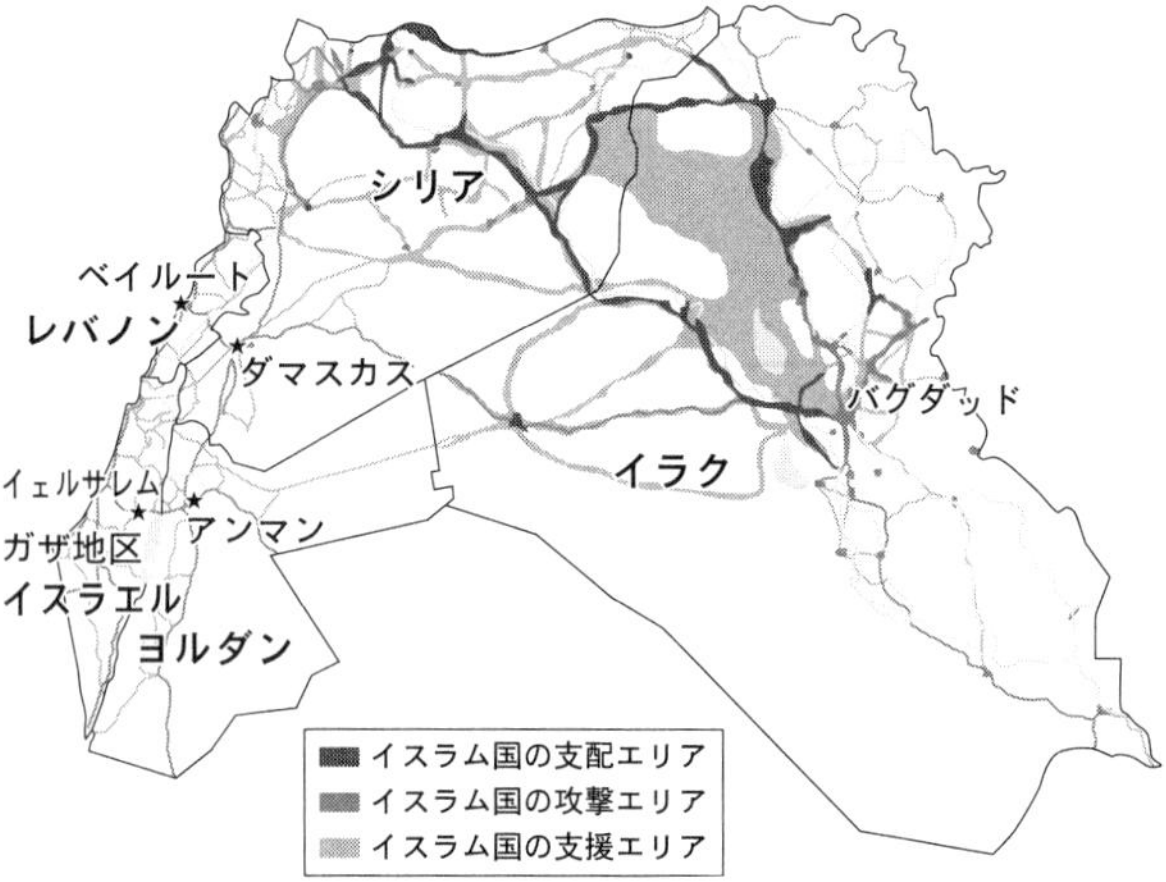

イスラム国の勢力図（2014年7月）

Jessica D. Lewis “The Islamic State: A Counter-Strategy for A Counter-State” をもとに作成

２０１２年頃から活動を活発化させたイスラム国（ＩＳＩＬ）はシリア、イラクを中心に勢力を拡大、一時は国家の樹立を宣言するに至りました。現在ではほぼ壊滅状態にありますが、イスラム国が武力制圧していた地域を地図にしてみると、**やはり道路に沿って展開していた**ことが分かります（地図は２０１４年のもの）。

北極海ルートが世界を変える？

私はよくドライブをするのですが、かつて通った道を久しぶりに走ると、道沿いの景色が一変していることがあります。前によく利用した喫茶店やドライブインなどが潰れていて、コンビニなどもなくなっていたりする。後で調べると、新しくトンネルができて、バイパスが作られていた。そのために、交通の流れが変わってしまったわけです。

このように、新しくルートができることで、人やモノの流れが変わり、経済も変わる。さらには地域や国の興亡にも及ぶことがあります。

前に述べた大航海時代の到来は、まさにその最大の例でしょう。陸から海にルートが変わることで、ヨーロッパ内の勢力図も一変しました。それまで欧州経済をリードしていた**地中海の商業都市ヴェネツィアやジェノヴァが衰退**し、**大西洋にアクセスしやすい**ポルトガルの**リスボン**や現ベルギーの**アントウェルペン**、オランダの**アムステルダム**が繁栄していきます。

その意味で、**これから注目されるのが先にも触れたロシアの北極海ルート**でしょう。これまで「北極海は通行不能」というのが世界の常識でした。ところが温暖化の影響でしょうか、近年、北極海の氷が解け通行可能になり、２０００年頃、開通しました。

このルートを使うと、極東からヨーロッパまで従来が約2万キロだったのが約１・４万キロと、航行距離が3割も短縮されます。またこれまでは複数の国の領海を通るため、治

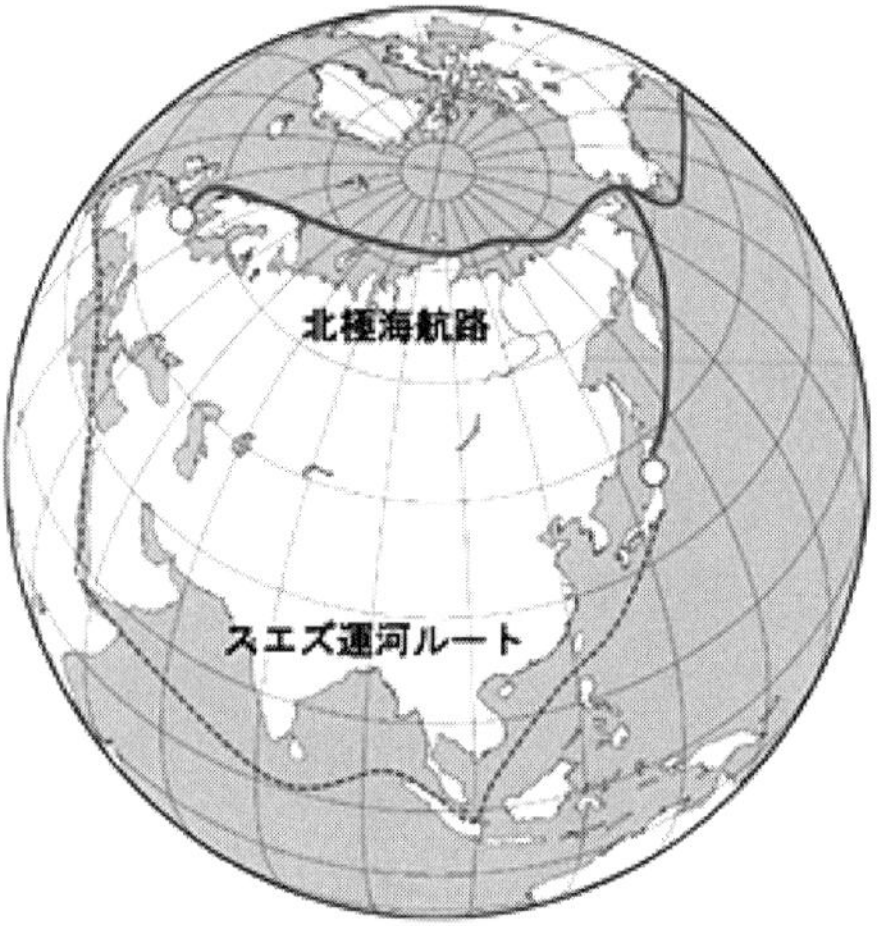

北極海ルート

大塚夏彦「北極海航路の開発と環境保全を目指して」
北海道大学リサーチタイムズより

安が不安定になると海賊などへの対処が必要になりましたが、北極海ルートではロシア一国の下で通行可能になり、（いまのところは）海賊の心配もありません。

その一方、高価な耐氷船でないと航行できない、補給基地が十分ではない、といったデメリットもあります。加えて現段階では、ロシアと国際社会の関係が安定しないというリスクも抱えており、２０２２年のウクライナへの軍事侵攻以来、航行計画は頓挫《とんざ》したままです。

しかし、このルートが確立し、安定的に利用できるようになれば、地政学的環境を大きく変える可能性を秘めています。たとえば、**日本国内に限っても、北海道の重要性が高ま**

るでしょう。その一方で、**戦略的重要性が増す北方領土の返還はますます難しくなりそうです。**

パラグアイを横切る横断道路の意義

実は、現在も世界経済に大きな影響を与える可能性がある新しいルートが建設中です。それは、2015年末から本格的に工事が開始された**「南米大陸横断回廊」**（Bioceanic Road Corridor）です。

2022年2月、パラグアイで建設されていた全長544キロにおよぶ横断道路のうち、半分の区間が完成しました。ブラジルとの国境に近い、パラグアイ北東部の「カルメロ・ペラルタ」という町から、西に向かった中心部の「ロマ・プラタ」という町を結ぶ舗装路なのですが、この地区はグランチャコとよばれる、北海道とほぼ同じ広さの半砂漠地帯であり、人はほとんど住まない厳しい環境にありました。もちろんこの地帯を横切る道（未舗装）は以前から存在したのですが、雨が降ると地面がぬかるみ、車がスタックしてしまうため、運転手は散弾銃を常に所持し、道が乾くまでは付近で野宿して、イノブタやワニ

南米大陸横断回廊

MUNDO INTERNATIONALより

を撃って食料にしていたといいます。

今度の区間開通によって、最低でも自動車で10時間はかかっていたのが、3時間半に短縮されました。それだけではありません。この道路は、パラグアイを横断するだけではなく、ブラジルからチリまで舗装路でつなぐ南米大陸横断回廊という大インフラ開発の一部なのです。

これまでブラジルから太平洋側に物資を運ぼうとすると、海路でパナマ運河を通るほかありませんでした。ところが、この南米大陸横断回廊が開通すると、パナマ運河を使うことなく、**陸路だけで太平洋側まで輸送ができる**ようになります（輸送コストが3分の1になるという試算もあります）。

これは南米だけでなく、**アジア経済に及ぼす影響も大きい**。というのも、完成後はブラジルが輸出する大豆やパラグアイ産の牛肉が、チリの港を通じてアジアの市場（主に中国）を目指すことになるからです。もちろん陸路を提供しているパラグアイやアルゼンチン、そしてチリなどもその恩恵を受けて、トラックを始めとする物流関連の産業が活況になることは容易に予想されます。

これはまさに「ルート」の変化という地政学的な事態なのです。

宇宙のチョークポイント

最後に、「宇宙にもチョークポイントがある」という話を紹介しましょう。戦略に関わる分野でも宇宙への関心は高まるばかりです。ロシア・ウクライナ戦争でも、イーロン・マスク率いるスペースＸのスターリンクが提供した人工衛星による衛星通信などが大きな効果を発揮したことは記憶に新しいでしょう。さらには、宇宙空間における戦闘というような、これまではＳＦとしか思われていなかった事態も、実現可能性のあるものとして検討が進められています。

その宇宙へのアプローチにも、実は地政学的なアプローチが有効であるという説が唱えられています。その「スペースパワー論」の第一人者がアメリカ空軍大学教授のエヴェレット・ドールマンです。彼の理論を理解するためには宇宙天文学やロケット関連の知識が

主要なロケット打ち上げ基地

必要なのですが、ここではごく簡単に彼の議論のエッセンスを紹介したいと思います。

まずひとつは、**ロケットの打ち上げをめぐるチョークポイントの存在**です。

実はロケットはどこから発射してもよい、というものではありません。宇宙の利用が進めば進むほど、効率性が重要になってきます。その意味で**最も発射に適しているのは、赤道付近**であることはよく知られています。なぜなら、地球の自転によって生まれる遠心力が最大になるのが赤道付近だからです。逆に、北極、南極では遠心力はゼロに近づいていきます。

ドールマンによると、ヨーロッパのロケットの発射拠点はフランス領ギアナのギアナ宇宙センターですが、ここは北緯5度3分と赤道にきわめて近く、アメリカのケネディ宇宙センター（北緯28度31分）と比べ、17％も燃料が節約できるといいます。日本でも種子島宇宙センター（北緯30度23分）で打ち上げを行っているのは、できるだけ赤道に近い南の方がいいからです。その点、北方のロシアは不利ですが、ソ連時代からカザフスタンのバイコヌール宇宙基地（北緯45度97分）で打ち上げを行ってきました。現在では国内に拠点を移そうと、シベリアのボストチヌイ宇宙基地（北緯51度53分）からの打ち上げが増えています。

さらにロケット発射の際にはトラブルなども想定しなくてはなりません。すると、周りに海か人の住んでいない地域が必要になります。こうした条件を考えると、「宇宙飛行への発射地点に必要な条件にもっとも適した場所は、ブラジルの北部沿岸、ケニヤの東部沿岸、そしてニューギニア以東のいくつかの太平洋上の島々」（ドールマン「宇宙時代の地政戦略」、コリン・グレイ、ジェフリー・スローン『進化する地政学』奥山真司訳、五月書房所収）ということになります。

また、**衛星の軌道も問題になります**。一般に高軌道にある衛星は地上の広い範囲をカバーできます。高度約３万６０００キロで、地球の自転周期と同じ軌道周期となる対地同期軌道の場合、少なくとも３つ以上の人工衛星のネットワークがあれば、北緯70度から南緯

70度までのエリアをカバーできるのですが、地球から遠く離れた軌道を回るために、巨大で出力の大きな通信機が必要となり、地表を高い解像度で撮影するのには向いていません。

逆に「衛星の軌道の高度が低くなればなるほどその利用価値は高まるが、その代わりに地球全体をつねにカバーしておくためにはますます多くの数〔の衛星〕が必要となる」（ドールマン前掲論文）。ＧＰＳでは高度2万４０００キロの軌道上に、21個の人工衛星を置いておく必要があり、災害時などに活躍する衛星電話、イリジウムのネットワークは高度７８０キロの軌道上に66個の周回衛星を飛ばしています。

ラグランジュ・ポイントを押さえろ！

さらにドールマンが指摘するのは、「ラグランジュ・ポイント」の重要性です。それはジョゼフ＝ルイ・ラグランジュというフランス人の数学者が18世紀に予測していた概念で、地球と月の間に想定される、互いの重力の均衡点のことです。

なぜ、このラグランジュ・ポイントが重要なのか？　それは、**この地点に人工衛星を置くと、理論上、燃料を使わずに衛星をとどめておくことが可能**だからです。

ラグランジュ・ポイントは、理論的には5個あると言われています。

アメリカでは特に4番目と5番目のラグランジュ・ポイント、つまりL4とL5が軍事的、商業的に極めて重要になってくる空間と認識されています。ここを先に取った者が、宇宙で覇権を握れるというわけです。以前には、米国連邦議会内に、ラグランジュ・ポイントの確保を政府に進言するロビー団体があったほどです。

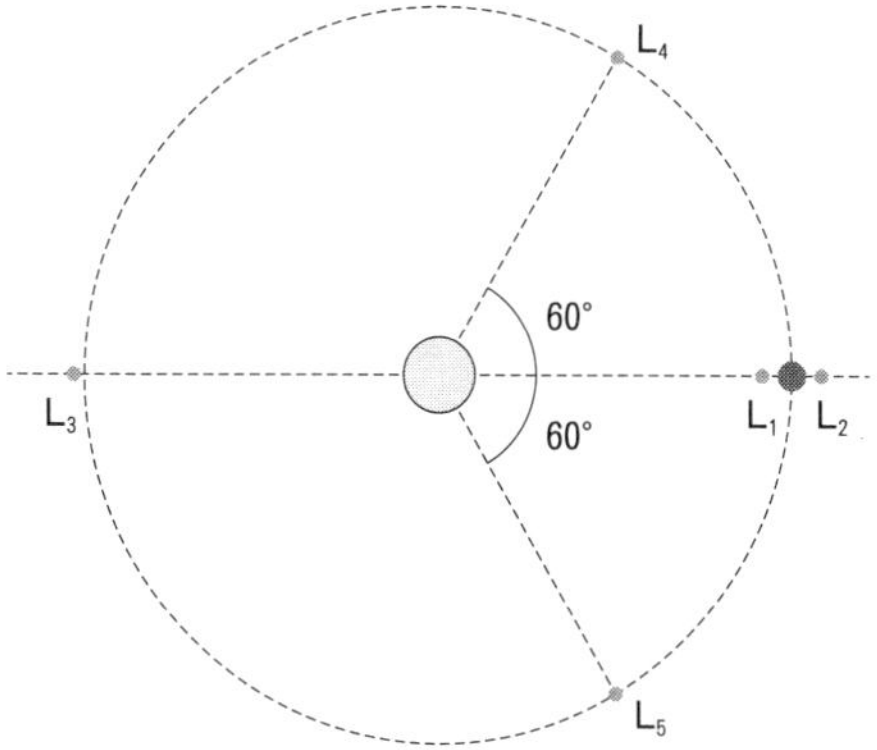

ラグランジュ・ポイント

　このように宇宙そのものは広大ですが、人間にとって利用価値のあるエリアは、実は限られています。**衛星の軌道をめぐっても、一種の領土争いが発生する**懸念があります。こうしてみると、古典地政学における「チョークポイント」、すなわち戦略的に重要な地点をいかに押さえるかという考え方は、宇宙でも有効性があると考えられます。

　ドールマンの唱える「スペースパワー論」はまだ試論の域を出ませんが、いま、世界中で進められている宇宙開発の国家戦略、そして宇宙ビジネスが目指している方向は何かを考える上でも、「宇宙地政学」は重要な視点を与えてくれるといえるでしょう。

4　グランド・ストラテジー　生き残るための大戦略

戦略、作戦、戦術はどう違うのか？

国家は、国民の生命や財産を守ることをはじめとして、社会の秩序を維持し、他国に対して独立を守るとともに良好な関係を築くといった様々な目的を持っています。その基礎となるのは安全保障です。

安全保障にはいくつかの位相がありますが、よく使われるのは戦略（strategy）、作戦（operation）、戦術（tactics）という概念です。

ここでは「戦略」を、**国家の安全を保障するための総合的な軍事力の運用**と定義してみます。ここには、戦争が起きた際の軍隊の運用はもちろん、戦争を抑止するための軍備の確保、安全保障に携わる人材の採用や訓練なども含まれます。

それに対して、「戦術」は具体的な戦闘行動になります。**兵士、兵器などを動かし、任務を達成する一連の行為**といえるでしょう。

「戦略」を実現するためには、個々の「戦術」を総合的に運用・計画する必要があります。その計画をするレベルが「作戦」です。捜索、攻撃、防御、移動、機動等に加え、これらを実行するのに必要な後方活動なども含まれます。

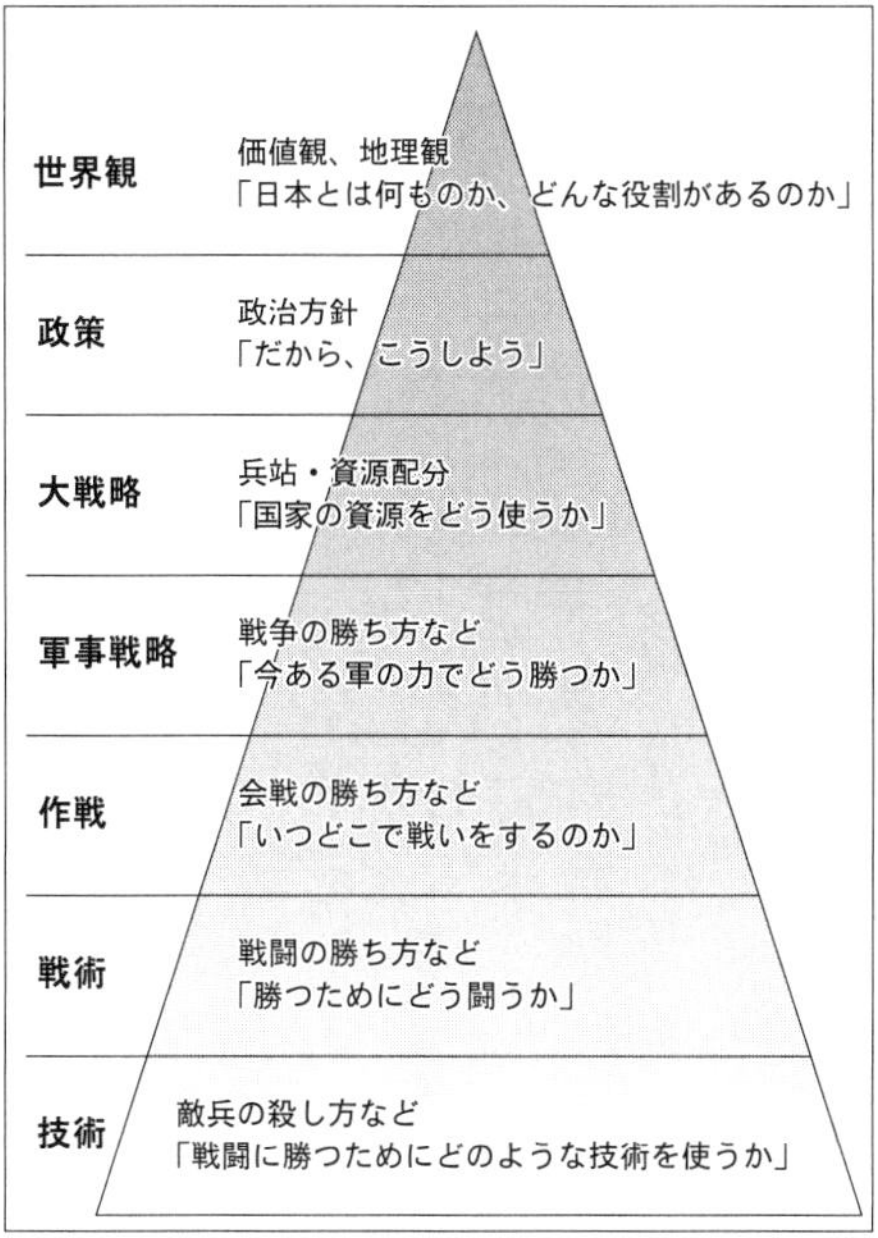

戦略の階層

コリン・グレイのモデルに奥山が補足

ここで重要なのは、これら戦略、作戦、戦術は、階層構造になっているということです。私の恩師であるコリン・グレイは、この階層を6つに分けて論じており（「はじめに」参照）、それを私が7つにしたものが上の図です。

この章で論じたいのは、軍事的な「戦略」よりもさらに上位にある「大戦略」（グランド・ストラテジー）です。

「大戦略」とは何か？　一言でいうならば、**「その国家にとって有利な状態を作り出し、維持するために、持てる力をいかに使うか」**の指針や計画を考え行うレベルということになります。

この大戦略は、軍事的な「戦略」よりも上位に位置します。

たとえば、A国と、隣国のB国が対立関係にあるとします。A国にとって、B国のCという地点を占領すれば、軍事的には大きな優位を得ることができます。しかし、Cを攻撃することで、B国の反撃が予想されるばかりか、国際社会からの大きな反発（周辺国によるB国への支援や、自国への様々な制裁、最悪の場合には同盟国の離反・離脱など）、経済上の大きなマイナスなどを招くことが考えられます。その場合、**Cへの攻撃は軍事的な戦略としては有効な選択肢たりうるが、大戦略としては採用されない**ことになります。

地政学的にみて重視されてきたのは、とくに大国のグランド・ストラテジーでした。前にも述べたように、小国にもその国の大戦略がありますが、どうしても「周辺の大国がどのような戦略を持っているか」という条件に左右され、自前の大戦略を貫くことよりも、諸大国の作り出す環境にいかに対応するかのほうが、より現実的であり、切実な課題になりやすいのです。

そこでまず、国際社会をリードする大国のグランド・ストラテジーをみていきましょう。ここでもモデルとなるのはイギリスです。

大英帝国の至上命題

多くの植民地を持ち、世界の海を支配したイギリスでしたが、国の存続という点からすると、死活的に重要だったのは、実はヨーロッパ大陸の動向でした。歴史を振り返ると、43年のローマ帝国の侵攻、11世紀のデーン朝（北海帝国）の支配、ノルマンディー公による征服と、イギリス本土を脅かす脅威はつねに大陸からきました。

「ヨーロッパ大陸に、突出した強国をつくらない」、これがイギリスの至上命題であり、グランド・ストラテジーの基礎となったのです。

ヨーロッパ大陸に、圧倒的な強国が生まれ、イギリス侵攻を狙う――このイギリスの悪夢が実現しそうになったのが、ナポレオンのフランス帝国です。そのため、イギリスは対仏大同盟の構築に全力を注ぎます。7回も同盟を組み替え、ついにワーテルローの戦いでナポレオンを撃破したことは、「シーパワーとランドパワー」の章でも述べた通りです。

ここでは、その後のイギリスの選択に注目したいと思います。ナポレオン戦争の終結後、イギリスをはじめとするヨーロッパ諸国は、ウィーン会議を開き、国際秩序の再建を目指します。注目すべきは、そこでイギリスはフランスからマルタ島を、オランダからセイロン島とケープ植民地を獲得し、イオニア諸島を保護国としますが、**ヨーロッパ大陸本体には手を伸ばしませんでした**。

イギリスが求めたものは、**「コンサート・オブ・ヨーロッパ」と呼ばれる相互協調体制**だったのです。ウィーン会議は、イギリス、オーストリア、プロイセン（１８７１年からはドイツ帝国）、ロシアが主導し、スウェーデン、スペイン、ポルトガル、フランス（１８１５年から）、ローマ教皇領なども参加しています。

この「ウィーン体制」は、**ヨーロッパ大陸にいくつかの強国を共存させ、かつ互いに牽制させる**という、イギリスのグランド・ストラテジーにかなったものでした。

ウィーン体制による欧州大陸の平和は30年続きましたが、その後、ヨーロッパでは、クリミア戦争（１８５３-１８５６）、普墺戦争（１８６６）、普仏戦争（１８７０-１８７１）、露土戦争（１８７７）といった戦争が相次ぎます。そのなかでイギリスはどうしたか。**そ**

れらの戦争の参加国すべてに資金や武器を援助し、欧州での勢力の均衡を図ったのです。

この「イギリスにとっての国益の追求」に徹した、したたかな外交こそが大英帝国の真骨頂といえるでしょう。

20世紀に入ると、イギリスにとって最大の強敵、ドイツが台頭します。１８７１年、プロイセンが盟主となり、連邦諸国を統一したドイツ帝国は、急速に重工業化が進み、なかでも鉄鋼、化学、鉄道などの重化学工業の分野に強みを発揮します。特にイギリスが危機感を抱いたのは、ドイツの科学力でした。19世紀も後半になると、イギリスの大学で行われている多くの授業で、ドイツ語のテキストが使われるようになってきます。さらにいえば、イギリスを支えてきた工作機械などの工業インフラがどんどんドイツ製になっていく。これはまずい、なんとしてもドイツを潰さなくては、というのが、イギリスの至上命題となるわけです。

その帰結が、１９１４年に始まった第一次世界大戦、１９３９年からの第二次世界大戦でした。ここでイギリスは、対独戦勝利のために、ロシア帝国やソ連と結ぶという決断を下します。１９０７年の英露協商、１９４１年7月にウィンストン・チャーチルとヨシフ・スターリンが結んだ英ソ軍事同盟がそれです。

両大戦ともはじめは参戦していなかったアメリカも、イギリスは戦争に引き込みます。

この2つの大戦で、イギリスは実に大きなものを失います。第一次世界大戦では、もうひとつの強力なライバル国だったアメリカを味方にしましたが、世界のリーダーの座をアメリカに明け渡すことになりました。

第二次世界大戦でも、イギリスは戦費調達のために、アメリカに対し、80億ポンドもの巨額の負債を抱えることになります。その返済のために、多くの海外利権をアメリカに引き渡さざるを得なくなったばかりか、植民地は戦後次々に独立し、さらに東欧、中欧の国々はソ連の勢力下に入ってしまいました。海外投資は戦前に比べわずか4分の1となり、工業も劇的に衰退しました。イギリスの受けた打撃の大きさは、１９４５年7月、ドイツに対し勝利を収めた直後の総選挙で、チャーチル率いる与党・保守党が大敗したことからもうかがえます。

しかし、ここで重要なのは、イギリスはそれだけの犠牲を払っても、「ドイツによるヨーロッパ大陸の支配を許さない」というグランド・ストラテジーを貫徹したことです。前にも述べたように、イギリスの国力のピークは１８６０年代でした。**自国の衰退を見すえながら、国家の存続のために譲れない一線は何か。**そこを突き詰めたところに、**イギリス**

の凄みがあります。

モンロー主義と門戸開放

さて、第二次世界大戦後、イギリスの覇権を引き継いだのが、アメリカでした。では、アメリカのグランド・ストラテジーとは何だったのでしょうか。

それまでのアメリカの外交政策をみるとき、やはり重要なのは「**モンロー主義**」です。

その名は、１８２３年、第５代大統領のジェームズ・モンローの議会演説に由来します。

この演説で、モンローはアメリカ外交の大原則を示しました。

それは、

・ヨーロッパの紛争に干渉しない。

・現在、ヨーロッパ諸国が、南北アメリカに持っている植民地や属領を承認し、これに干渉しない。

・南北アメリカにおいて、これ以上の植民地化を望まない。

・ただし、旧スペイン領の独立の動きについて干渉することは、アメリカの平和に対する脅威とみなす。

といった内容でした。

この「モンロー主義」は、しばしば**欧州不介入を宣言した、アメリカの孤立志向**をあらわすものとして紹介されています。しかし、その眼目は、むしろ**南北アメリカに対する欧州の介入の拒否**にあります。つまり、「新大陸はオレの縄張りだ」という宣言なのです。

これがのちに米西戦争（１８９８）につながり、この戦争でフィリピンを得たアメリカは、その権益をアジア太平洋へと伸ばしていきます。その意味で「モンロー主義」は、単なる孤立主義ではなく、**アメリカ流の帝国主義を準備したグランド・ストラテジー**だったといえるでしょう。

そして、**もうひとつアメリカが掲げたグランド・ストラテジーが「門戸開放」**でした。もはやイギリスをはじめヨーロッパの強国が展開してきたような海外植民地は、現地の抵抗も含め、統治にコストがかかってしまう。そんな余計な荷物は背負わずに、相手国に開港を迫り、アメリカのルールとインフラを使わせてビジネスを行うほうが、利潤も大きい。イギリス流の海洋戦略の延長線上には、こうした経済による外交、経済による支配が見えてきたのです。この「門戸開放」は21世紀の現在にまで通じるアメリカの基本方針、国是といっていいでしょう。それが実現したものが、いわゆるグローバル経済です。

新たなグランド・ストラテジー「封じ込め」

さて、先に述べたように、20世紀の2つの大戦を経て、アメリカは世界最強国となります。そもそも世界大戦という未曽有の事態を前に、アメリカも従来のように「モンロー主義」で欧州不介入とは言っていられなくなる。さらには戦後の世界をどうするか。どんな世界が、アメリカにとって最も望ましいのか。アメリカは新たなグランド・ストラテジーを必要とします。**第二次世界大戦後の答え、それが「ソ連封じ込め」でした。**

フランクリン・ルーズベルト大統領は、第二次世界大戦をともに「連合国」として戦った、**スターリン率いるソ連に対して宥和的**であり、戦後世界を再構築するパートナーとみなしていたともされています。ルーズベルトは1945年4月に、戦勝を待たずに死去しますが、戦後まもなくのアメリカでは、ソ連に対する警戒心は強いものではありませんでした。当時のアメリカの知識人の間でも、社会主義・共産主義が「来るべき正しい社会制度」として一定の支持を集めていたのです。

ジョージ・ケナン

そのなかにあって、1946年2月22日、モスクワから米国務省に、約8000語にも及ぶ長文の電報が届きます。その主旨は、**「ソ連の共産主義は、歴史的に見ても拡張に向かう傾向がある。その動きはすでに始まっていて、とても止められるものではない」**というように、ソ連の侵略性を指摘する衝撃的なものだったのです。この電文の筆者こそ、のちに「封じ込め」の理論家として著名になる外交官の**ジョージ・ケナン**（1904-2005）でした。これによって、ケナンは、アメリカがリードする戦後体制において、**ソ連との対決は不可避**だと指摘したのです。

このケナンの「長文電報」と時を同じくして、ソ連への警戒の声を上げたのが、チャーチルでした。政権の座を追われたチャーチルは、反共闘争に力を注ぎ、1946年3月、アメリカを訪れて、**有名な「鉄のカーテン」演説**を行います。

「バルト海のシュテッティンからアドリア海のトリエステまで、ヨーロッパ大陸を横切る**鉄のカーテンが降ろされた。（カーテンの向こうの東欧諸国では、共産党が）全体主義体制**

を敷き、警察政府が君臨している」と述べたのです。もともとロシア革命に対する干渉戦争を主導するなど、一貫して共産主義を警戒し続けていたチャーチルは独ソ戦の最中から、戦後の脅威はスターリンだと認識していました。

　これに呼応するように、アメリカ政府も対ソ強硬路線を明確にしていきます。ルーズベルトから大統領を継いだ**ハリー・トルーマン**（１８８４－１９７２）は、１９４７年3月の議会演説で、ギリシアとトルコに対する軍事・経済援助に言及、このままではヨーロッパの各国が**次々と共産主義の陣営に組み込まれていく「ドミノ現象」が起きるだろう**と述べ、「アメリカは自由体制の十字軍となる」と宣言しました。いわゆる**「トルーマン・ドクトリン」**です。ここにおいて、ソ連との対決と封じ込めこそが、戦後アメリカのグランド・ストラテジーの中核をなすことが、はっきりと示されたといえるでしょう。

　前にも述べたように、地政学的に見て、トルコとギリシアが隣接する、いわゆる「トルコ海峡」は、黒海の出口を押さえる重要地点（チョークポイント）でした。そのトルコ、ギリシアの両国にトルーマンは4億ドルもの援助を与え、ソ連の海の出口を塞いだのです。

「封じ込め」政策とマーシャル・プラン

　この新しいグランド・ストラテジーの理論的な柱となったのが、１９４７年７月に「フォーリン・アフェアーズ」誌に掲載された**「ソビエトの活動の源泉」**（The Sources of Soviet Conduct）という論文でした。この論文は、「ミスターX」という匿名の名義で発表されたため「X論文」とも呼ばれます。その筆者は、国務省政策企画本部の初代本部長に抜擢されていたジョージ・ケナンにほかなりませんでした。

　この論文でケナンが主張したのが、**有名な「封じ込め」政策**です。ソ連は、ロシア帝国以来の拡大・侵略志向に加え、世界中を共産主義国家にしようとしている、軍事的にもイデオロギー的にもきわめて危険な存在だと位置づけ、その勢力が広がらないように「封じ込め」る必要がある、と説いたのです。

　さらにケナンは国務省で、重要な２つの政策に携わります。ひとつは**「マーシャル・プラン」**、そしてもうひとつは意外なことに**「日本の経済復興」**でした。

「X論文」と時を同じくして、１９４７年６月、国務長官のジョージ・マーシャル（１８

80-1959）は、欧州のための大規模な復興計画を表明します。西ヨーロッパの16カ国が参加、4年間の長きにわたり、無償供与を中心に約170億ドルを援助すると発表したのです。そこにはイタリア、オーストリア、後の西ドイツといったかつての敵国も含まれていました。

経済援助によって、ソ連の拡大想定ルートをブロックするとともに、巨大なヨーロッパ市場を再建するマーシャル・プランは大成功を収めました。その細かい計画づくりにケナンは加わっていたのです。

ここで分かるのは、ケナンの「封じ込め」は、単なる軍事力の投入ではなく、西側諸国を経済的に強化することで、ソ連陣営に向かわないようにするという、**経済的・外交的なアプローチも含めた包括的な政策**だった、ということです。さらには、西ヨーロッパ諸国そのものに、ソ連に対抗する力を持たせるという**「同盟」の戦略**でもありました。

ケナンが手掛けた「日本復興」

もう一方の日本の経済復興では、ケナンはどのような役割を果たしたのでしょうか。

ダグラス・マッカーサー（１８８０‐１９６４）率いる**占領軍の最大の目標は、日本の非軍事化**でした。その目的を達するためのいくつかのプランのなかには、日本にはもう重工業をやらせず、**農業国あるいは軽工業国に留めておく、**というものもありました。重工業が発展していたから、戦艦大和やゼロ戦をつくり、資源や市場を求めてアジア諸国に進出したのだから、農業国にして無害化すべきだ、というわけです。

国務省の使節団の一人として日本を訪れたケナンは、**リアリズムの観点から、ソ連に対抗するためには、日本の工業力が必要になる、**と考えました。そして、日本の軍備を丸裸にして財閥解体に没頭する**マッカーサーたちを激しく批判**し（東京裁判についても、その法的根拠が乏しいとしています）、政策の軸を経済復興に転換させたのです。

この転換は、政治的には、それまでＧＨＱ内でニューディーラー（社会主義と親和性の高いニューディール政策を経験した人たち）の影響が強かったこともあり、比較的許容度の高かった社会主義・共産主義に対する取り締まりの強化として現れました。いわゆる「逆コース」です。いずれも、ソ連の脅威に対抗するという意味で、ケナンの「封じ込め」政策の具現化だったといえるのでしょう。

つまりアメリカは「封じ込め」、すなわちソ連の拡大を押さえ込むというグランド・ストラテジーにしたがって、第二次世界大戦の敵国であったドイツ、日本を抱き込んで、強国化させるという**「同盟の組み換え」を行った**ことになります。

さらに１９７９年には、アジアにおける社会主義側の大国で、ソ連との関係が悪化していた中国とも手を結びます。その戦略の推進者であるヘンリー・キッシンジャー（１９２３−２０２３）は、ハーバード大学で書いた博士論文で、ウィーン体制の立役者の一人、オーストリアの外相、クレメンス・フォン・メッテルニヒ（１７７３−１８５９）を取り上げています。この米中の接近は、アメリカにとって、**莫大な人口を抱える中国を市場経済に巻き込む、という経済戦略**にもつながっていきます。

ヘンリー・キッシンジャー

あとは読者の多くが自ら目撃された通りです。１９８９年、ベルリンの壁が壊され、マルタ島で、ジョージ・Ｈ・Ｗ・ブッシュ米大統領とソ連のミハイル・ゴルバチョフ最高会議議長が会談、冷戦の終結を宣言しました。戦後アメリカのグランド・ストラテジーは、見事な完勝に終わったのです。

ユニラテラリズムの罠

しかし、ここからが大事な点です。**戦略の世界では、勝利は必ずしもゴールではありません。**アメリカにとって**「冷戦の終焉」は同時に、40年以上維持してきた戦後のグランド・ストラテジーの喪失でもあった**のです。

冷戦後、アメリカの深刻な危機が垣間見えたのは、２００１年のことです。この年の9月11日、ニューヨークのワールドトレードセンター、そして米国防総省本庁舎に、ハイジャックされた旅客機が激突します。この同時多発テロ事件を機に、アメリカはアフガニスタン侵攻、イラク戦争と、中東での対テロ戦争にのめり込んでいきます。

しかし、この年、もうひとつアメリカの戦略上、見過ごしてはならない事件が起きていました。海南島事件です。

4月1日、南シナ海上空で、米軍の電子偵察機ＥＰ－３と中国人民解放軍のＪ－８Ⅱ戦闘機が空中衝突しました。中国軍機は墜落、米軍機は付近の海南島に不時着しますが、搭乗員と機体を中国側に押さえられてしまいます。このとき乗員解放に10日間、機体返還の合意に至るまで2カ月を要し、米中関係はかなり緊張しました。

実はこのとき**すでに、アメリカでは中国を、冷戦後の「戦略的競争相手」と位置付け、警戒を強めていました**。ソ連崩壊後、アメリカに挑戦する意思を持つ最大の相手が中国であることは、国防担当者、政治家、国際政治学者、戦略家たちの一部では、かなり明白なものになっていました。このまま中国を放置しておくと、拡大を続けて、手に負えなくなる、と。当時、私も地政学や戦略論に関心を持ち始めた留学生として、この海南島事件をきっかけに、中国脅威論がもっとクローズアップされてくるのでは、と考えていました。

ところが9・11以降、それが吹き飛んでしまいました。本来は、将来もっとも厄介な問題が生じるだろう東アジアに力を注ぐべきだったのに、**中東への対応に深入りし、足を取られてしまった**のです。

そうなってしまった原因はいくつも考えられます。アメリカ本国が直接攻撃を受けるという前代未聞の事態を放置しておくわけにはいかなかった、というのも大きな要因ですが、さらに大局的な視点からすると、**冷戦に勝利したことが、アメリカの判断を狂わせた**、ともいえるでしょう。

ソ連を打倒したアメリカは、**世界の圧倒的な一強となります**。もう軍事力で、アメリカに対抗できる相手はしばらく存在しない。だから、アメリカは自分だけでどんな相手にも勝てる、**あらゆる外交政策はアメリカ一国で決められるという「ユニラテラリズム／単独行動主義の罠」に陥ってしまった**のだと思います。

「光栄ある孤立」は失敗だった？

実は19世紀末のイギリスも、似たような罠にはまりかけたことがあります。「光栄ある孤立」という言葉がありますが、特に１８８５年から１９０２年にかけて、**イギリスは他国との同盟関係を結ぼうとしませんでした**。私たちは、これを当時の大英帝国の強さだと思いがちですが、この時期から、イギリスはドイツ、アメリカ、さらにはロシアの猛烈な追い上げを受けるようになります。

次第に自分たちが**外交的な苦境に陥りつつある**ことに気づいたイギリスは、１９０１年にアメリカとパナマ運河をめぐる条約を結び、１９０２年にはロシアの南下に備えて、日英同盟を締結します。続いて正式な同盟ではないものの、１９０４年の英仏協商、１９０７年の英露協商を結び、同盟によってドイツの台頭に向き合うという基本戦略に立ち返りました。

本来の「敵」と向き合う

ユニラテラリズムは、最強国が、特に圧倒的な軍事的優位を得たときに犯しやすい過ちです。**どんなに強い国でも、一国で世界中を敵に回すことはできません**し、自分たちの軍事力だけで世界各地のトラブルを解決することも不可能です。コストもかかりすぎますし、力の空白も生まれやすい。9・11後のアメリカは見事にその陥穽《かんせい》にはまり、そこで**力を空費しているうちに、中国の台頭を招いてしまった**といえるでしょう。

9・11からおよそ10年が経ち、オバマ政権になると、「ピボット（アジアへの旋回）」、「リバランス（バランスを取り直して、アジアの比重を高める）」といった政策転換が表明されます。この転換をさらに劇的に進めたのが、２０１７年に発足したトランプ政権でした。

トランプという非常に特異なキャラクターのもと、アメリカの戦略・外交スタッフは、ドラスティックに、**本来の「敵」である中国に対する強硬路線に舵を切ることができた。**これは戦略論から見たトランプ政権の功績といっていいでしょう。

アメリカの優位は「同盟の力」

では、現在のアメリカにおけるグランド・ストラテジーは何か、といえば、やはり第一に挙げられるのは、**中国のような大国が新たな地域覇権を築くことを阻止する**、ということでしょう。しかし、相対的な意味でアメリカの国力の衰えが進行するなか、それも容易なことではありません。さらに問題は中国だけではありません。ロシア・ウクライナ戦争やハマスによるテロなどで顕在化したように、**ロシアやイランといった地域大国がその地域での覇権を拡大するチャンスをつねにうかがっています**。

そこで重要なのは、イギリス譲りの「同盟の力」ということになります。

今の時点では、**アメリカにあって中国にないものは**、科学技術や金融力をはじめ、いろいろ挙げられますが、**その最大のもののひとつが同盟力**でしょう。たとえば、いざ戦争となったとき、実際に中国の側に立って戦ってくれそうな国といえば、カンボジアか北朝鮮くらいしか思い浮かびません。

そこで欧州ではＮＡＴＯ、アジアではクアッド（日米豪印）などの連携が重要になってくるのですが、トランプ政権の場合に問題だったのは、大統領本人が同盟の論理をよく理解できていないので、たとえばドイツや日本などの協力が必要だ、というと、じゃあ脅し付けて言うことを聞かせればいい、となってしまうことでした。つまり、せっかくの同盟力を、ユニラテラリズム的な古いやり方で動かそうとしてしまったわけです。

中国のグランド・ストラテジー

ここまで英米のグランド・ストラテジーを見てきました。では、中国にとってのグランド・ストラテジーとはどんなものか考えてみましょう。

中国の対外政策として、近年ことに際立っているのは、海洋進出です。これは**ランドパワー大国である中国にとっては、歴史的にも珍しい**ことで、そこにどんなグランド・ストラテジーがあるかを検討することは、地政学的にもとても重要です。

ランドパワーの大国である中国にとって、**最大の関心事は「陸続きの対抗勢力から攻められないこと」です**。これは**過去も現在も変わりはありません**。

過去の歴史を振り返っても、中国の王朝が滅びる、もしくは衰退するときは、周辺の異民族からの侵攻などが見られるように、ランドパワーの最大の敵は隣接するランドパワーなのです。**周辺地域からの防衛に力を注いでいるうちに、内政が荒廃し、国内でも大規模な反乱が生じる**というのが、中国史上、繰り返し見られるパターンでした。

しかし、第2章でも述べたように、中国共産党政権は建国後70年かけて、陸上での国境紛争のほとんどを解決しました。そのために、中国は史上例がないほど「陸の脅威」から解放された状態にあるといえます。

「中華帝国」復活の夢

それでは、現在の中国にとって、新しいグランド・ストラテジーと呼べるものは何か。私は「中華帝国復活の夢」、そして「マラッカ・ジレンマの克服」の2つに要約されると考えています。

中国には**伝統的に「漢民族こそが世界の中心である」という中華思想**があります。自分たちを中華（文明の中心）とし、それ以外を野蛮な夷《い》狄《てき》であるとみなす「世界観」です。

しかし、この「世界観」と現実との間には、決定的な乖離《かいり》が起きてしまいます。１８４

２年のアヘン戦争の敗北です。これ以降１００年以上もの間、中国は軍事力、経済力、科学力、政治力など、あらゆる面で西洋勢力より劣ったポジションを余儀なくされます。さらには西洋文明のキャッチアップに成功した日本にさえも、「遅れた国」とみなされる屈辱を受けました。

しかし、中国において「中華思想」は滅びていません。そもそも１９１２年に孫文が清朝に代わる国家の設立を宣言したときの名称は何だったか。「中華民国」です。この「中華」の文字は、１９４９年の「中華人民共和国」にも引き継がれました。**自分たちこそが「中華」である、という自己認識**は、漢民族にとって「屈辱の歴史」の間も変わることがなかったのです。

この「中華思想」が、近年の経済成長、アメリカをはじめとする西洋勢力の相対的な後退などを背景に、よりはっきりと、現実味を帯びたものとして打ち出されつつあるのは、周知のとおりです。それを明確化したものが、習近平がしばしば口にする**「中国の夢」**にほかなりません。

ただし私は、この「中国の夢」は、外交的な側面よりも、国内統治の側面のほうが大きいと考えています。中国はいまなお内部でさまざまな民族問題に直面し、国内発展でも著しい不均衡を抱えているため、**国内の治安維持費が、膨張の一途をたどる国防費をも上回る状態が続いています**。自分たちは中華（世界の中心）であるというアイデンティティは、中国の国家統合を維持するために必要とされているのです。

問題は、国内統治のためのスローガンである「中華思想」が、外交にも反映してしまうことです。中国＝中華であることが「絵に描いた餅」ではないことを国民に示すためには、諸外国に対しても常に「大国としての態度」で接していることを見せつけなければなりません。

近年、中国は「戦狼《せんろう》外交」と呼ばれる攻撃的な外交姿勢を強めていますが、これは、ひとつには、「中国は強くなった」「中華帝国は復活しつつある」という、「国民の期待」に応えなくてはならない、という理由が考えられます。もうひとつの理由は、**ランドパワー大国に共通する弱点として、「同盟戦略の未熟」が挙げられます**が、これは後で詳しく検討します。

依存する中国

中国が東シナ海、南シナ海への拡大姿勢を強める背景を地政学的に考えると、どのような世界地図が見えてくるでしょうか。ここでは、それを**「弱くなっていくアメリカ」**と**「もっと弱い中国」**という観点で説明したいと思います。

戦後、アメリカは自他ともに世界の秩序維持を担う「世界の警察官」を任じてきました。しかし、２０１３年、当時の**オバマ大統領が「もうアメリカは世界の警察官ではない」と宣言**したことに象徴されるように、その役割から撤退する姿勢を示しています。そこで生じる「力の空白」に乗じる形で、中国が海洋でも拡大志向を露《あら》わにするようになったのは、間違いありません。

しかし、それでも、ここまで述べてきたように、世界の主要なルート、チョークポイントをアメリカとその同盟国が押さえ、秩序を維持していることは、いまも変わりはありません。

中国はたしかにＧＤＰ世界2位の経済大国となりましたが、それを支えているのは「世界の工場」と呼ばれる加工貿易にほかなりません。前にも論じましたが、それらの製造の発注も、商品が消費される市場も、その物流過程も、アメリカがつくってきた経済システムに支えられています。つまり、**中国経済が大きくなればなるほど、アメリカへの依存も**

高まる仕組みになっているのです。膨大な人口や工業生産を支える資源や食糧なども、中国国内だけではとてもまかなえず、輸入に依存せざるを得ません。その意味では、**中国は経済的には、資源小国日本と似た構造**をもっています。

ロシア・ウクライナ戦争で、ロシアは厳しい経済制裁を受けていますが、**石油などの資源の輸出国であるロシアは継戦能力を維持しつづけられます**。もし中国が今のロシア同様の輸出入制限を受けたとしたら、**ダメージはもっと大きなものになる**でしょう。

中国自身も、この弱点をよく分かっており、内需を拡大するために、国内の不動産、インフラへ莫大な投資を続けてきましたが、それがバブル化してしまい、ゴーストタウンとなるなど巨額の負債となっているのが現状です。

この「弱い中国」の現状を打破するには「アジアの地中海」を我がものとするしかない――これが経済面から見た中国の海洋進出の一側面です。その意味で、台湾を併合することは、中国にとってナショナル・アイデンティティであるとともに、いま抱えている地政学的苦境を打開する一歩でもあるのです。

しかし、中国の海洋進出が必ず軍事的手法を取るとは限りません。一帯一路にみられるように、投資や援助などを通じて、経済的・外交的に関係を強化していくという、英米に代表されるシーパワー的な戦略も採用しています。台湾に対しても同様に、軍事的圧力の強化と同時に、経済的・政治的な関係深化を狙う政策がこれからも取られるでしょう。

なぜ中国の外交官は「小国は黙っていろ」と言ってしまうのか？

そこで問題になるのが、ひとつは**「帝国的過剰拡大」(imperial overstretch)** でしょう。これはポール・ケネディが『大国の興亡』（1987）で提示した概念です。同書でケネディは古代ローマ帝国の衰退を題材に、**領土を広げ過ぎた結果、それを維持するコストが国力の限界を超えてしまう危険性**を指摘しました。そして、当時のアメリカが同様の問題を抱えつつある、と論じたのです。中国にとっての一帯一路、さらにはアフリカへの進出が「過剰拡大」になるリスクについては、今後も注視する必要があるでしょう。

そして、もうひとつの問題点は、先ほど少し触れた「同盟戦略」に関するものです。第2章でも述べましたが、歴史的に見ても、ランドパワーの大国は、対等な立場での同盟関係の構築があまり得意ではありません。というより、**「対等な立場での交渉」など、大国の外交姿勢としてふさわしくない**、と考えているように思えます。その顕著な例が、ロシアの対ウクライナ政策や、中国の戦狼外交だといえます。

これを地政学的に、**シーパワーとランドパワーの対比**で考えてみましょう。

英米などのシーパワーの場合、その外交・交易の及ぶ範囲は、海を通じて広大なものになります。そうした地理的環境では、トラブルが起きたとき、即座に軍事力で決着をつけることが難しいケースも多く、また多大なコストも必要になります。そのために、**相手が小国であっても、ネットワークにおける重要度に即して、互いのメリットを確認し、合意を形成していくことが、合理的な対処法として選択されやすい**。これがシーパワー的な「同盟の戦略」だといえるでしょう。

それに対し、ランドパワー国家にとって、隣国は、ときに問答無用で攻めてくる相手でもあります。ある意味で、**ランドパワー大国はつねに臨戦態勢**なのです。他国の侵入を防ぐためには、前もって**「どっちが上か」という力関係を確認**しておかなくてはなりません。だから、国際関係においても、「小国は大国に従うべき」という認識がベースになりやすい。

中国の外交官はしばしば**「小国は黙っていろ」「立場をわきまえろ」**といった発言を行いますが、これはたまたま出てしまった**「失言」**だったり、**「外交上の手法」**などではな

く、彼らが根本的に持っている「世界観」に根差したものと見ることができます。

もちろんアメリカやイギリスも圧倒的な強国として、しばしば高圧的な態度を示してきたのは、歴史の示す通りです。しかし、前に述べた「ユニラテラリズム」や、トランプの「俺様外交」でも分かるように、そうした姿勢が、手痛い失敗を招いたり、結局は高いコストを負担することになったのも、また事実でしょう。

もし、中国がさらなる海洋進出を目指すのであれば、強化すべきは、海軍力よりも、シーパワー的な同盟力、外交力ではないでしょうか。**戦狼外交は、むしろ中国の外交力の弱さをあらわすものです。**

富国強兵、吉田ドクトリン、安倍外交

では、最後に日本のグランド・ストラテジーについて考えたいと思います。

近代を迎え、日本が直面したのは、激しい生存競争、利害の奪い合いの世界でした。そのインパクトに耐えられず、２６０年余り続いた幕藩体制は崩壊したといえます。そのとき、**明治政府が選んだグランド・ストラテジー**、生き残りのための大方針を一言でいえば、

やはり**「富国強兵」**ということになるでしょう。

西洋列強の圧力を受け入れ、交易を盛んに行いつつ、さまざまな制度や技術をキャッチアップしていく。そして、軍備を増強し、日本の独立を死守する。これが西洋列強の東アジアにおけるにらみ合いのなか、**「小国」日本が描いたぎりぎりの「大戦略」**でした。

ここで興味深いのは、四方が海で囲まれた島国でありながら、その戦略観は海洋国家的とはいえず、**むしろランドパワー的な傾向が強かった**ことです。そもそも江戸時代まで日本は、沿海よりも外で活動する海軍というものをほとんど有したことがありませんでした。維新後も主導権を握ったのは、政権自体を守るための治安維持的な側面も持った陸軍だったといえます。

たとえば１８９０年、時の総理大臣、山県有朋が、有名な**「主権線」と「利益線」**という言葉で国防方針を述べていますが、主権線とはいわゆる国境、利益線とは、国境に隣接して、権益を守るために必要なエリアを指します。ここで示されているのは、安全保障のために、常にバッファー（緩衝地帯）を求める、**典型的なランドパワーの国防観**です。はじめはフランスに範を求めた明治陸軍でしたが、１８７１年の普仏戦争を経て、１８８５年以降、ドイツ式への大転換が行われます。**山県の唱えた「主権線・利益線」も、まさに**

ドイツの地政学的な考え方を直輸入したものでした。

この**「富国強兵」というグランド・ストラテジーが破綻したのが、１９４５年の敗戦だ**ったといえます。そこで敗戦国日本が新たに打ち出したのが、いわゆる「吉田ドクトリン」でした。この選択はもちろん占領国アメリカの圧倒的な影響下でなされたものでしたが、占領下から独立回復に至るまで長年、総理大臣を務めた吉田茂のリーダーシップのもと、軽武装（はじめは武力放棄、後に専守防衛）と経済外交を柱とする、いわば**「富国弱兵」路線が、戦後日本の基本戦略**となります。日本は、海洋国家の雄アメリカの世界戦略を補完する形で、シーパワー連合の一員となった、ともいえるでしょう。

「戦後」と呼ばれる期間、大枠では、日本はこの「吉田ドクトリン」に沿って動いてきました。しかし、中国のところでも言及したように、21世紀に入ったあたりから、「世界の警察官」としてのアメリカの翳《かげ》りが色濃くなってきます。そこで新たな方向性を示したのが、いわゆる「安倍外交」でした。

史上最長の長期政権を担った安倍晋三氏の政治的評価は、いまだ定まらない面もありますが、地政学的観点からすると、中国の脅威にいかに対抗するかという、アメリカをはじめ世界が共有する課題に、日本なりの方向性を示した首相だったといえるでしょう。アメリカが離脱したＴＰＰをまとめ上げ、「自由で開かれたインド太平洋戦略」を提唱し、クアッドに発展させた外交は、時代の要請に応えたもので、海外からも高い評価を受けています。

日本がとるべき「大戦略」

そこで、問題は今後の日本です。日本はどのようなグランド・ストラテジーを持つべきでしょうか？　別の問い方もできます。日本は果たして自前の大戦略を持つことができるのか？　あるいは、**本当に自前の大戦略を持つべきなのか？**

本章の冒頭にも述べましたが、**いちばん大事なのは「国家が存続すること」**です。

これまで見てきたように、英米流のグランド・ストラテジーは、「自国に最も有利なように、（コストを計算しながら）世界をよりよく変える」ことにありました。中国は、「共産党政権を維持し、近接する脅威を排除しつつ、中華帝国の復活を目指す」と要約されるでしょう。

では、ここに日本の大戦略を並べてみると、どうでしょうか？　**現在の日本には、「世**

界を自国の都合に合わせて変える」と主張する準備も、モチベーションも感じられません。一言で言うなら、「**あるがままを受け入れ、最適解を模索する**」ということになりそうです。

　実は、これは現在に限ったことではないかもしれません。明治の「富国強兵」も、戦後の「吉田ドクトリン」も同様に、その主眼は「変わりゆく環境に、どのように対応するか」という点に置かれていました。私も、日本が「自分に合わせて、世界を変える」という意味でのグランド・ストラテジーを実現できる可能性は低く、また、**国家を存続するうえで、そのような戦略を持つ必要もない**、と考えます。現在の環境に即して考えるなら、**「地域で強圧的な覇権国の台頭を阻止しつつ、自由で開かれた同盟の一員としての役割を果たす」**というのは、これはこれで、立派なグランド・ストラテジーです。

　さらに、一言付け加えるなら、環境に適応し続けるには、出来るだけ安定的に変化を乗り切るために、**大きな流れを見極め、ブレが少なくて済むように国家軸を設定する必要がある**、ということです。もっと言えば、世界の有力国のひとつとして、「環境が激変し、不安定な状況を生じさせないために、何をなすべきか」という課題に、日本は応えていくべきでしょう。

5　バランス・オブ・パワー　同盟と離間で他国を操る

スペイン継承戦争とナポレオン戦争

前の章で、「ヨーロッパ大陸に、突出した強国をつくらない」というイギリスのグランド・ストラテジーについて述べました。その大戦略を別の言葉でいえば、

「バランス・オブ・パワー」（勢力均衡）

ということになります。

「勢力均衡」は、古くからある概念で、一言でいえば、**いくつかの大国が、圧倒的な支配国の存在を阻止して、互いにその存続を保障しあう、**というメカニズムをあらわしたものになります。そのため、大国同士の戦争はできるだけ回避し、起きても限定的なものに留めることが目指されます。

この「勢力均衡」が、多国間での条約にはじめて明記されたのが、１７１３年のユトレヒト条約です。１７００年、スペインのカルロス2世が死去すると、スペイン・ハプスブルク家が断絶、その後継をめぐって、戦争が起こりました。スペイン継承戦争です。

14年続いたこの戦争の最大の焦点は、ルイ14世率いるフランスによるスペイン統合の是

非でした。もしフランスとスペインが統合したら、ヨーロッパ大陸に強大な支配国が出現することになります。それに反対するイギリス、オランダ、オーストリアは同盟し、フランス－スペインと戦いました。戦争はイギリス側の優勢で終結し、スペイン国王にはルイ14世の孫でもあるフェリペ5世の即位が承認されたものの、オランダの都市ユトレヒトで結ばれた講和条約で、フランスの王位継承権は放棄、フランスとスペインの統合は永久に禁止と決められます。

このユトレヒト条約に、**「公正な勢力均衡により」キリスト教世界の平和を確保するためにフランスとスペインの統合を認めない**、と記されました。

スペイン継承戦争と並行して、イギリスとフランスは海外領土をめぐる戦争も行っていましたが、それもこのユトレヒト条約で講和が成立、イギリスは北米のハドソン湾地方などに広大な領土を獲得します。また、イギリスは、カトリックのスチュアート朝を支持してきたフランスに、プロテスタントのハノーヴァー朝を認めさせ、王位継承に関するフランスの介入をシャットアウトすることにも成功します。

このように**スペイン継承戦争は、イギリスにとって、ヨーロッパでのバランス・オブ・パワーを確保し、海外進出の地歩を固めた重要な戦争**だといえます。

ところが、それからおよそ100年後、イギリスはふたたびナポレオン率いるフランスがヨーロッパの支配国となる危機に直面します。この脅威に、必死の同盟戦略で立ち向かったのが、「シーパワーとランドパワー」の章で述べたナポレオン戦争でした。

ナポレオン打倒後、オーストリアのメッテルニヒ外相が議長を務めたウィーン会議は、前の章で論じたように、まさに「バランス・オブ・パワー」の回復を目指したものでした。このウィーン**体制で、イギリスは「バランサー」のポジションを占めます。**ヨーロッパ大陸を支配するわけでも、また完全な均衡と平和を目指すわけでもなく、イギリスの国益に最も適《かな》う形で、欧州大陸の諸国への支援を行い続けたのです。

その意味で、「勢力均衡」とは、**あくまでもリアリズムに立脚し、バランサー国の利益に沿ったシーソーゲームを続けていく外交技法**ということになるかもしれません。

ビスマルクの「勢力均衡」

この「バランス・オブ・パワー」を重視していたのは、英米だけではありません。

ドイツ帝国創立の立役者、**オットー・フォン・ビスマルク**（1815-1898）もまた、ヨーロッパ内の勢力均衡に心を砕き続けた政治家だといえます。
ビスマルクはプロイセンの外交官、政治家として、欧州の複雑なパワー・バランスのなかで、ドイツ統一を目指すようになります。そこで警戒したのは、フランス、イギリス、ロシアなどの強国による介入でした。

1862年、プロイセンの宰相となったビスマルクは、1866年、ドイツ連邦のもうひとつの雄、オーストリアとの戦争（普墺戦争）を起こします。このとき、ビスマルクは開戦前に南フランスの保養地ビアリッツで、ナポレオン3世と会談を行いました。ナポレオン戦争で敗れたとはいえ、依然として欧州の大国であるフランスの介入を恐れたためです。ここでビスマルクは、フランスが中立を保つ代わりにライン川左岸を割譲《かつじょう》するという**「ビアリッツの密約」を結んだ**といわれますが、文書は何も残されていません。

普墺戦争が始まると、参謀総長モルトケの戦術の冴えもあり、プロイセンが圧勝します。プロイセンに脅威を感じたナポレオン3世が調停に乗り出すと、ビスマルクはオーストリアに領土を要求しない寛大な講和条約をまとめ上げます。ビスマルクの目標は、あくまでもオーストリアを排除した形での、プロイセン主導によるドイツ統一でした。

この普墺戦争の勝利で、プロイセンは北ドイツ連邦を結成しますが、ビスマルクはさらにバイエルンなど南部ドイツを含めた統一を目指します。そこに立ちふさがったのがフランスでした。1870年7月に勃発《ぼっぱつ》した普仏戦争は、翌年1月のパリ陥落により、プロイセンの勝利となります。プロイセン国王ヴィルヘルム1世は占領下のパリ郊外のヴェルサイユ宮殿で、ドイツ皇帝に即位しました。ここにおいてドイツ帝国が創立され、多くの連邦国家の集合体だったドイツはひとつの帝国として統合されたのです。

ビスマルク体制とその崩壊

しかし、**このドイツ帝国の成立に最も危機感を抱いていたのは、その主導者であるビスマルク本人**でした。プロイセンがフランスを倒し、**ドイツ帝国という強大な国家となることは**、「バランス・オブ・パワー」の観点からすると、**危うい事態をまねきかねない**とビスマルクは考えていたのです。

つまり、ドイツがヨーロッパ大陸で突出した強国になると、周辺の国家、イギリスやロシア、そしてフランスなどは、当然、警戒心を強めます。もし英仏露が反独同盟を結成したらどうなるか。ナポレオン・ボナパルトでさえも、イギリスの仕掛けた包囲網に敗れたではないか。**いくら強国となったドイツでも、たとえばフランスとロシアに挟み撃ちにされたら致命的な事態になってしまう――**。

そう考えたビスマルクは、一貫して、**ドイツはこれ以上の領土的野心は持っていない、欧州大陸の平和の維持に尽力する、**というメッセージを発し、**イギリス、ロシア、オーストリアなどとの関係の緊密化**につとめました。そもそもプロイセン軍のパリ入城や、皇帝の即位式をヴェルサイユ宮殿で行うことにも、**ビスマルクは「周りを刺激する」という理由で賛成ではなかった、**とされています。

1873年にはオーストリア、ロシアと同盟（三国とも帝国なので、三帝同盟と呼ばれます）を結び、バルカン半島での緊張が高まりこの同盟が破綻すると、1881年には独露墺で三帝協商を発足、1882年にはオーストリア、イタリアと三国同盟を結びます。

1887年には、ビスマルクが仲介して、イギリスとイタリアの間に地中海協商が結ばれますが、これはロシア、フランスの海洋進出を防ぐもので、オーストリア、スペインも加わりました。ロシアに対しては、1887年、三帝協商が解消されると、すかさず独露再保障条約を締結します。

植民地に関しても抑制的な姿勢を基調とし、1884年、コンゴをめぐり列強の緊張が高まると、ベルリン・コンゴ会議を主催、植民地支配のルールづくりも手がけます。

まさにこの時代のヨーロッパ外交は、ビスマルクを中心に回っていたといっても過言ではありません。**彼が築き上げた外交を「ビスマルク体制」**と呼ぶこともあります。

その眼目は２つ、ひとつは**ライバル国であるフランスを孤立させる**こと、そして、もうひとつは**欧州大陸の最強国となってしまったドイツ帝国への警戒心をできるかぎり低下させて無用な反発を起こさせないようにする**ことでした。

しかし、残念なことに、このドイツ版「バランス・オブ・パワー」は、いわば**ビスマルクの超人的かつ個人的な能力に負うところが大**でした。１８８８年、ヴィルヘルム２世がドイツ皇帝に即位すると、ビスマルクとの対立を深めます。１８９０年３月にビスマルクを宰相から更迭すると、４月にはロシアとの再保障条約の更新を拒否します。対露関係の悪化は、ロシアとフランスの接近を招き、１８９４年には**ビスマルクが最も恐れていた露仏同盟が成立**します。「ビスマルク体制」は、彼の失脚によって、あっという間に崩壊してしまったのです。

ビスマルクが秘密外交などの手法を好み、後継者を育てなかった、という批判もありますが、**問題はもっと本質的なところにある**でしょう。統一を果たしたドイツの経済力、工業力、そして軍事力の成長は目覚ましく、ことに重化学工業、陸軍力では、すでに「ヨーロッパ大陸で突出した強国」になってしまっていたのです。それは、フランス、ロシアを両方、敵に回した二正面戦争（ビスマルクにとっては悪夢そのものでしたが）さえ可能なほどでした。これは、第一次、第二次世界大戦で現実のものとなってしまいます。

　さらに重要なのは、ビスマルクが追求した「バランス・オブ・パワー」が、皇帝のみならず、ナショナリズムが高揚していた当時のドイツの人々の欲求ともズレを生じていたことです。皇帝をはじめドイツ人の多くは、**国力の発展とともに、海外領土もふくむ、国家の拡大を求めました。それがドイツのさらなる安全にもつながる、というのが、ランドパワー国ドイツの「世界観」だった**のです（第1章「世界観」を参照）。

　ドイツが急成長を遂げたエネルギーのひとつが、ようやく統一を果たし、それまで頭が上がらなかったフランスにも勝利したというナショナリズムだったことは間違いありません。**国家にとってナショナリズムとは、最大の武器にもなりますが、コントロールの難しいものでもあります**。それに対して、ビスマルクが追求した「勢力均衡」は、国家理性を体現した、いわば政治・外交のプロフェッショナルだからこそ見えてくる「世界観」だと言えます。それを実行するには、**リーダーたちに、自己抑制や、時には妥協もでき、さら**

には、それを国民に納得させる強靭《きょうじん》さが求められます。しかし、それはなかなか困難です。**「より大きくなれば、より強く、より安全になる」**というランドパワーの地政学の誘惑に抗《あらが》うのは難しいからです。

その意味で、外交の天才であった**ビスマルクは、ランドパワーの「世界観」に敗れた、**ともいえるでしょう。

つねに2位の国を抑える

では、ドイツのように「突出した強国」になってしまった国にとっての「バランス・オブ・パワー」とは、どのようなものでしょうか。

その好例が第二次世界大戦後のアメリカです。

19世紀のイギリスは、ヨーロッパ大陸から距離を置いた「バランサー」として、つねに自国の優位を維持しました。

では、そうした「バランサー」がいない場合は、どうしたらよいのか。モデル的に説明すると、次のようになります。

いくつかの国の中で、優位なA国（国力1位の国）があるとします。それに対し、勢力を増してきているライバル国としてB国（2位の国）が台頭すると、A国は、それに次ぐ3位のC国と同盟を結んだりして協力関係を強化、ともにB国の力を削ぐのです。つまり1位－3位連合で、つねに2位のライバル国を抑えるわけです。

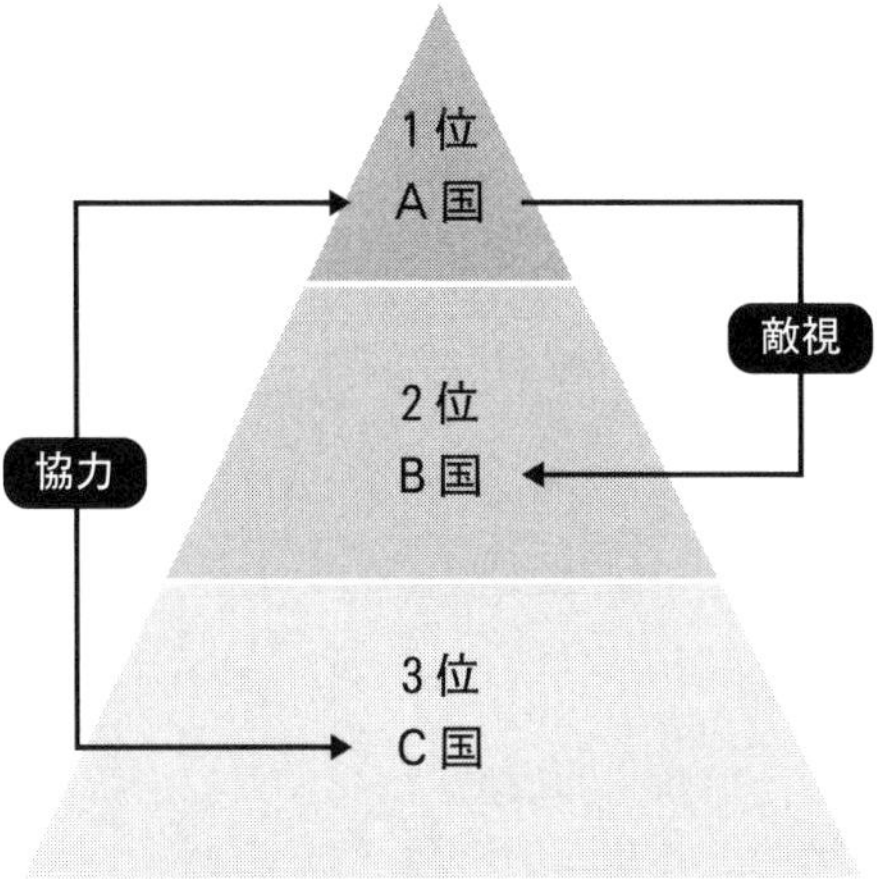

バランス・オブ・パワーの概念図

前の章でも述べたように、冷戦時代、アメリカは圧倒的な強国となります。そこで**ライバルとなったのは、社会主義陣営の雄、ソ連**です。このアメリカとソ連の対立には、仲介役（バランサー）は存在しません。そこでアメリカは、**かつての敵国である日本やドイツを支援し、1位－3位連合を強化**していきます。さらには社会主義陣営の中国とも国交を結び、ソ連側の弱体化を進めたのも、前章で述べた通りです。

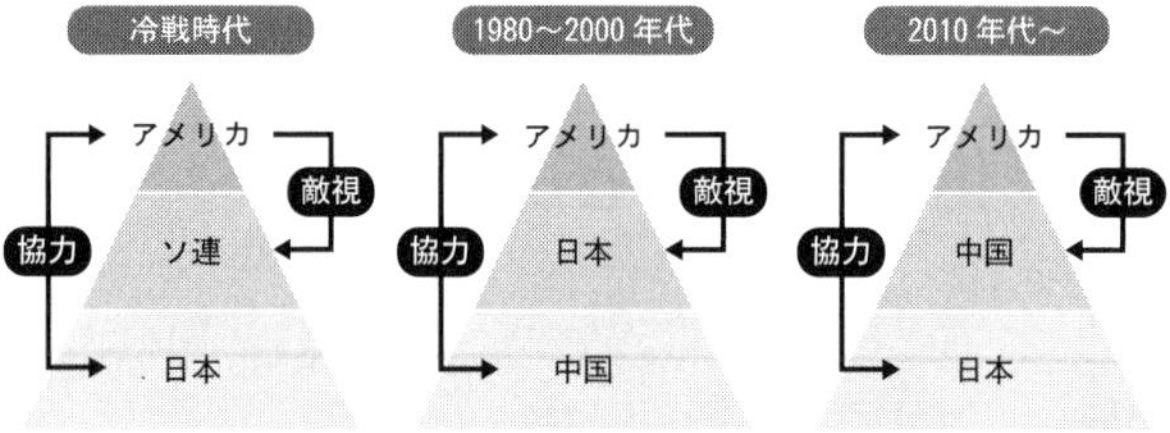

東アジアにおけるバランス・オブ・パワー

興味深いことに、ソ連の弱体化が露わになってくると、アメリカは**新たな「2位のライバル国」に対して警戒を強めます**。それが１９８０年代に起きた**「ジャパン・バッシング」**でした。日本がＧＤＰで世界2位になり、それまで世界最強を誇ってきた自動車産業やエレクトロニクスの分野でもトップを占めて、巨額の対米黒字を積み上げるようになると、アメリカは、日本に対し輸出の自主規制や「非関税障壁」の撤廃などを次々に要求するようになり、その一方で、市場経済への参入を決めた中国との関係を深めました。

そして、中国が世界2位の経済大国に育つと、今度は、**アメリカの優位を脅かす「戦略的競争相手」**として、警戒を強めています。

この「バランス・オブ・パワー」の観点からすると、同盟関係にとって**「力のバランス」が死活的に重要**であることが分かります。その極端な例が第二次世界大戦で、イギリスやアメリ力はドイツを倒すために、必ずしも価値観を共有していないソ連を味方に引き入れました。これも、1位グループの米英が、2位（ライバル国）のドイツを、3位のソ連と挟み撃ちにしたケースといえるでしょう。

もちろん、外交関係を決めるのは、単純に力のバランスだけではありません。互いの国の歴史や価値観、経済や文化などの交流、信頼度なども大きな要素ではあります。しかし、国際関係を考えるときは、

「国家の存続がかかった選択の前には、同盟関係は好き嫌いではなく、力学（力のバランス）で決定される」

という地政学的リアリズムの観点を忘れないでほしいと思います。

中国の衰退は喜ぶべきか？

そこで、日本にとっての「バランス・オブ・パワー」について、考えてみましょう。

そもそも歴史的にみて、東アジアは、ヨーロッパのように複数の大国が競い合う環境ではありませんでした。19世紀の後半、アジアの小国として国際政治に参入した（させられ

た）日本にとって、「勢力均衡」という考え方も、あまりなじみのないものだったといえます。むしろ、「存続のためにはより強く、より大きく」というランドパワー的な世界観のほうが理解しやすかったのでしょう。

それが破綻した敗戦後の日本にとって、**「冷戦」という国際環境は、かなり有利なものでした**。先に見たように、この「バランス・オブ・パワー」の下、日本はトップ国のアメリカと密接な関係を築き、高度成長を謳歌《おうか》します。

それが１９８０年代になって日米貿易摩擦が起き、日米構造協議では日本社会のあり方にも関わるような「改善要求」まで突きつけられると、**「アメリカに裏切られた」**という感情を抱いた日本人も少なくなかったと思います。しかし、これはアメリカが変心したというより、**力のバランスが変化したことの現れ**だったのです。その証拠に、日本のバブルが崩壊すると、アメリカからの圧力も徐々に低下していきます。

その意味では、いま起きている**「米中対立」も、パワー・バランスのひとつとして考えると**、日本にとっては、国益に適う面があるといえるでしょう。中国がアメリカにとって不安定要因となるなか、アジアにおいて、アメリカを中心とした自由主義（シーパワー）陣営の要石となるのは、やはり日本しかないのではないか、という見方が先進諸国の間で強まっているのは、日本にとっては有利な環境になりつつあるといえます。

そこで問題は、昨今の中国経済の不振です。アジアのリーダー国のポジションを中国に取られた形の日本としては、国民感情として中国の後退を歓迎したいのも理解できます。一方で、経済的には、中国の市場や生産力の縮小が、日本経済にも大きな打撃となるのも事実でしょう。

地政学の観点で指摘したいのは、**もし中国の衰退がどんどん進んだら、アジアのパワー・バランスはどうなるか**、という問題です。米中が激しく対立している状況は、世界的に深刻な問題ですが、**日本にとっては存在感を高めるチャンス**でもあります。しかし中国が著しく衰退したり、逆に米中関係が劇的に良くなったりすると、日本のポジションもまた変わってきます。また近隣国として、中国の国情が大きく悪化するのは大きなリスクでもあります。

ライバルの衰退が必ずしも、自国が有利になることにつながらない。これも押さえておきたい、地政学的なものの見方です。

6　コントロール

戦争の目的は「勝利」ではない!?

連戦連勝でも負け？

ロシア・ウクライナ戦争、イスラエル・ハマス戦争など戦闘が長期化するなか、多くの人々が**「なぜ戦争が早く終わらないのか」**、「どうしたら戦争が終わるのか」について心を痛めています。

本章では、この問いを、**少し別の角度から**考えてみたいと思います。それは「戦争とは、どういう状態を目指して行われるのか」、**「どうなったら『戦争に勝った』といえるのか」**です。

この古くからの問いに、斬新な答えを出したのが、J・C・ワイリーでした。彼は太平洋戦争でガダルカナルや硫黄島などで日本海軍と戦った経験も持つ米海軍将校ですが、陸海空軍の統合作戦を推進し、戦闘情報センターの設立にかかわるなど、戦略面でも活躍した人物です。１９６７年に刊行された『*Military Strategy: A General Theory of Power Control*』（『戦略論の原点』奥山真司訳）は、もとはわずか97ページのコンパクトな著作ですが、非常に内容の詰まった戦略論として高い評価を受けています。

この著書には多くの重要な指摘が含まれていますが、ここで紹介したいのは、「コントロール」という概念です。

ワイリーは、戦争について犯しがちな誤りがある、とします。それは、「**敵を破壊すること（destruction）が戦争の目的だ**」**という**誤解です。

かつて太平洋戦争で指揮をとったダグラス・マッカーサーは「**勝利に勝るものはない**」（There is no substitute for victory）と言い、陸軍参謀総長としてベトナム戦争を指揮したウィリアム・ウェストモーランドはベトナムに勝つには「**さらなる火力（firepower）だけが必要だ**」と語りました。

しかし、ワイリーの議論によると、それは大いに疑わしいのです。**敵にいくら大きなダメージを与えようと、それだけでは「戦争に勝った」とは言えません**。第二次世界大戦での戦死者数をみると、ドイツは700万～900万人といわれ、人口の8～10％を失いました。それに対して、戦勝国であるソ連の戦死者はなんと2600万人にも及びます。人口比でもドイツを上回る12～13％になります。ちなみに日本では260万～310万人と、人口の3～4％ですから、いかに両国の死者数が多かったかが分かります。これが陸続きで、本土が戦場となる戦いの怖さだといえます。

ベトナム戦争にしても、いくら米軍が空爆を行い、国土を焼き払っても、北ベトナムの戦意を損なうことができず、「戦争に勝つ」ことはできませんでした。

では、戦闘で勝利（victory）し続ければ、「戦争に勝てる」のでしょうか？　ナポレオンは生涯で約40戦して、自身が参加した戦闘ではほとんど負けたことのない軍事の大天才でした。彼が負けたのはたった3回でしたが、**その最後の敗北、ワーテルローの戦いですべてを失った**のです。

もっと分かりやすいのが、**日中戦争**です。中国に進出した日本軍は個々の戦闘ではほとんど負けを経験しませんでしたが、広大な中国大陸を支配することができず、後退戦を続ける中国軍の戦意を挫《くじ》くことができませんでした。ベトナム戦争と同様、**「戦闘で勝ち続けても、戦争に負けた」典型的なケース**といえます。

では、「戦争に勝つ」とはどういうことなのか？　ワイリーの出した画期的な答えとは、**「次の局面をコントロールできるかどうか」**というものでした。戦闘が一段落したあとの状況をコントロールできること、言い換えれば、**自国が有利な状況で、平和＝新たな秩序を構築・維持できること**が、「戦争に勝つ」ことだと考えたのです。

日独の復興こそ「コントロール」の成功

第二次世界大戦のアメリカを例に考えてみましょう。この戦争でアメリカはドイツや日本などに勝利しました。しかし、戦後を見ると、敗戦国であるドイツや日本が経済的に繁栄し、国際社会でも存在感を回復していきます。経済的には、日本やドイツは、アメリカの産業を脅かす「競争相手」となったわけです。これはアメリカの「失敗」だったのでしょうか。

そうではありません。第4章でケナンの経済復興計画について述べたように、**日独の復興こそ、アメリカの対ソ同盟を強化する重要な安全保障政策**でした。つまり、日独については、アメリカは見事にコントロールに「成功」したのです。

反対に、中国においては、あれほど多額の支援を行った蔣介石政権が内戦に敗れ、ソ連の影響を強く受けた共産党政権が中国を支配してしまいます。第二次世界大戦の結果に着目すると、アメリカはコントロールに「失敗」したといえるでしょう。

近年でいえば、**2003年のイラク戦争が顕著な失敗例**です。9・11テロに端を発した対テロ戦争のなか、イラクが大量破壊兵器を保持しているとして、アメリカのジョージ・W・ブッシュ大統領は軍事侵攻に踏み切ります。戦闘では一方的な勝利を収め、イラクのサダム・フセイン大統領は死刑となり、新政権が発足、米軍を主力とする多国籍軍は占領統治を始めますが、2011年に完全撤退するまで、経済的にも人的にも多大なコストを投入したにもかかわらず、戦後処理はまったくうまくいきませんでした。まさに、「次の局面をコントロール」することができなかったのです。

これを1991年の湾岸戦争と比較してみましょう。クウェートに侵攻したイラクに対し、ジョージ・H・W・ブッシュ大統領（父のほうです）率いるアメリカが主導して多国籍軍を結成、攻撃を加えます。このときも、多国籍軍が軍事的には圧勝し、イラク軍をクウェートから撤退させます。その一方、イラクのフセイン政権は存続、イラク軍の戦力もかなりの部分が温存されました。一見、湾岸戦争の「勝利」が中途半端だったために、イラク戦争が起きたようにも思えますが、戦後のコントロールという意味では、イラク戦争に比べ、**湾岸戦争のほうがクレバーな選択だった**といえます。

敵を殲滅しない家康

この「コントロール」の概念を、日本の戦国時代を例にとって考えてみます。

織田信長はさまざまな軍事改革を行い、新時代を切り拓いた人物と言えます。鉄砲の重視などがよく知られていますが、そもそも軍の編制からして変えてしまったのです。その時期多くの戦国大名の場合、軍の主力は、それぞれの家臣たちが自分の領地から動員してきた農民兵でした。それに対して、初期の信長が動員できたのは銭で集めてきた流れ者の傭兵《ようへい》集団でした。農繁期になると戦争ができない農民兵に対し、傭兵集団は一年中いつでも戦争ができる、いわば**常備軍を編制した**のです。さらには家臣たちも、信長の命令一下、もとの領地からも切り離して、鉢植えのように移動させます。こうして、**信長を頂点とする一元的な軍事組織を作り上げた**のです。これはヨーロッパで軍事史上の画期とされる、16世紀オランダのマウリッツ（1567–1625）や、それに続いてスウェーデンのグスタフ2世（1594–1632）が行った軍制改革にも先行していました。その結果、尾張の一大名に過ぎなかった信長は、美濃、近江、堺、京都、そして東国へとその支配を広げていきます。

しかし、「コントロール」という意味では、信長のやり方は問題がありました。その苛《か》烈《れつ》なリーダーシップ、容赦のない戦いぶりもあって、「反信長勢力」が次々にあらわれるばかりか、味方からも、**脱落者、離反者が後を絶ちませんでした**。**その行き着く果てが、本能寺の変**（１５８２）**だった**といえるでしょう。勝利すればするほど、内外に敵が増えていく信長が、安定した戦後秩序の創出に成功したのかは、疑問が残ります。

それに対して、信長を継いだ豊臣秀吉は、見事に天下統一を成し遂げたといえます。しかも、従えた諸大名を動員して、対外戦争まで行わせたのですから、日本国内に関しては、**一定の「コントロール」に成功した**といえるでしょう。

しかし、その支配はたぶんに秀吉個人のカリスマによるもので、**「豊臣政権」としての統治はけっしてサスティナブルなものとはいえませんでした**。長い内戦の後、対外戦争で国論の統一をはかる、というのは、歴史的に見て有効な手段のひとつですが、秀吉による**朝鮮出兵は、むしろ諸大名の疲弊と分裂を招いた**といえます。

その意味で、まさに**「コントロール」を実現したのが徳川家康**でした。家康の際立った特徴は、「敵を殲滅《せんめつ》しない」ことです。最大のライバルである豊臣家こそ滅ぼしましたが、関ケ原の合戦で天下を手中に収めたのちも、毛利、島津、上杉など敵方の有力大名を、勢力を縮小させたうえで存続させました。そして要所に、徳川家一門、年来の家臣である譜代大名などを配置し、ライバルとなり得る外様大名を囲い込む体制を敷きます。

徳川幕府の目指したもの、それは「徳川家による支配の永続」だったといえます。全国の大名に命じて、常に正室と後継ぎの子を人質として江戸に留め置かせ、１年おきに領地と江戸を行き来させる参勤交代は、その代表的な政策でしょう。その負担は非常に大きく、大名たちの抵抗力を低下させるのに十分でした。また、大きな不安定要因である海外、ことにヨーロッパに対しては、幕府が窓口を独占し、ごく限定的にのみ交易を行う、いわゆる鎖国政策を実施します。こうして、徳川幕府は２６０年以上にも及ぶ平和、「パックス・トクガワーナ」を築き上げたのです。

出口を見失った戦争

さて、ここで現代に戻ります。この「コントロール」の観点から、ロシア・ウクライナ戦争、イスラエル・ハマス戦争を見るとどうなるでしょうか。

まず浮かび上がってくるのは、どちらの戦争においても、**戦争が終わった後の「戦後秩序」のありかたが不明確**であることです。

たとえばロシアが軍事的に有利に終戦を迎えたとしても、その後のウクライナ、さらにはバルト三国をはじめとする近隣諸国との関係が良化ないしは安定化するとは考えにくい。**ロシアに対する警戒、拒否反応はかえって増大する可能性のほうが高い**でしょう。それはＮＡＴＯ加盟国がフィンランドとスウェーデンを加えて32カ国に増えたことからも明白です。

またイスラエルについても同様です。周辺のイスラム諸国のみならず、国際世論、ことにアメリカにおいても、イスラエルの軍事行動に対する批判は根強く残ると思われます。

イスラエルは中東地域において突出した軍事強国です。数次における中東戦争でも、アラブ諸国に対して、軍事的には勝利を積み重ねてきました。一般に、**軍事強国が陥りやすい罠は「軍事によってすべてが解決できる」と考えてしまうこと**です。

２０２３年10月、ハマスがイスラエルに対する軍事攻撃を仕掛け、双方で３０００人を超える死者を出した時点では、イスラエルは「テロの被害者」という立場でした。これを起点に、イスラエルが外交による解決を模索すれば、国際社会からの理解や支援も得やすかったはずです。しかし、軍事力による解決を選び、ガザ地区だけで死者が3万人を超える事態となると、「イスラエルに有利な戦後秩序」という本来目指すべき目標から、かえって遠ざかってしまっているように見えます。

目指すべき「コントロール」の像が明瞭でない、それがこの2つの戦争を、出口の見えにくいものにしているのです。

4つの対外アプローチ

ロシア・ウクライナ戦争、イスラエル・ハマス戦争が長期化する原因のひとつとして、これまで「世界の警察官」を自任してきたアメリカの後退が、しばしば指摘されます。「グランド・ストラテジー」の章でも触れましたが、イラクやアフガニスタンからの撤退などに象徴されるように、アメリカの後退も事実ですし、それが地域情勢を不安定化させているのも事実でしょう。

とはいえ、地政学的に考えて、**そもそも「アメリカが世界中のあらゆる紛争を調停する」という想定そのものが、かなり非現実的な幻想**だったともいえるでしょう。戦後の一時期、アメリカがそうした幻想が成り立つほどの軍事力、国力を誇った、ということ自体が、むしろ異例な状態だったのです。

そこで、冷戦後に大戦略の理論家たちによって行われた議論を参考にして、アメリカの対外アプローチを分析すると、以下の4つのオプションにまとめることができます。

1 完全優越（primacy） アメリカが圧倒的な軍事力を背景に、積極的に関与しながら、世界を管理していく。

2 選択的関与（selective engagement） アメリカにとって重要なエリアにのみ関与して、その管理だけに集中する。

3 オフショア・バランシング（offshore balancing） 相手の領土には出向かず、少し離れた場所（沖合＝オフショア）から様子を見つつ、基本的には、現地勢力のやり方に任せる。必要なときだけ軍事介入して、直接対抗（バランシング）する。

4 孤立主義（isolationism） 海外からすべての米軍を撤退させ、アメリカの沿岸防備に徹する。

このうち、1の「完全優越」を実行しようとしたのが、2003年のイラク侵攻前に、「アメリカによる中東の民主化」を唱えた、「ネオコン」（ネオコンサバティズム Neocon-servatism）とされる人々でした。この失敗が、今日まで尾を引いて、現在の「アメリカの衰退」と呼ばれる事態を招いたともいえます。

2の**「選択的関与」は、冷戦後のアメリカが実際に取ってきた外交政策に近い**ものです。具体的には、**中東、西欧、東アジアの3つの地域**が、アメリカの世界戦略にとって重要だとするものですが、これまで述べてきたように、近年のアメリカでは、さらに中東からも距離を置いて、**中国の台頭が著しい東アジアにもっと集中するべきだ**、という議論が強まっています。そうした立場からすると、「この20年間、イラク占領など、中東にのめり込んだのは時間と戦力の空費だった。もっと早く対中国に集中すべきだった」ということになります。

3の「オフショア・バランシング」の有力な推奨者として知られるのは、国際政治学者のジョン・ミアシャイマーです。ミアシャイマーは、ロシアのウクライナ侵攻に際して、この侵攻の責任は、プーチン以上に、ウクライナのEU、NATO加盟を促し、ロシアを恐れさせた西側諸国にある、と発言し、物議を醸しました。ミアシャイマーの議論の力点は、アメリカはウクライナに関わるより、中国への対抗を強化するべきだ、という点にありますが、中東もヨーロッパも、アメリカにとって直接の脅威は存在していないから、軍隊を常駐させる必要は乏しい、という主旨の発言をしています。

この考え方を極端な形で表現しているのが、トランプ前大統領でしょう。トランプは大統領在任中に、「ＮＡＴＯのある加盟国（おそらくドイツでしょう）に対し、軍事費を適切に負担しなければロシアが攻撃してきても米国は支援せず、むしろ『好きに振る舞うよう**ロシアをけしかけてやる**』と伝えた」と語っていますが、これは一部のオフショア・バランシング論者が唱えている**「米軍のプレゼンスを低下させることは、アメリカの同盟国の防衛努力を引き出させ、かえって地域の安定化につながる」**という議論と重なります。トランプが強調したいのは、「そうすると、アメリカの軍事費負担を減らすことができる」という点でしょう。

もちろん、こうした考え方に対する反論もあります。アメリカ・カトリック大学教授のヤクブ・グリギエルは著書『不穏なフロンティアの大戦略』（奥山真司監訳、川村幸城訳、中央公論新社。原著は２０１６年刊）で、**こうしたアメリカの後退は、むしろ「地域を不安定にし、アメリカの国益を乱し、さらにはアメリカそのものの安全すら危険に曝すこと**

になる」と激しく批判しています。彼の主張は、中国、ロシア、イランという脅威に対し、アメリカはもっと関与を強め、日本をはじめとする同盟国との連携強化をはかるべきだ、というものです。

グランド・バーゲンの誘惑

ここで興味深いのはグリギエルが、アメリカの負担を軽減するために、**ライバル国に対して、大幅な譲歩を行う「大取引」（グランド・バーゲン）**を警戒していることです。彼が挙げている例を引くと、「アジアの海路に対する特権を与えるために中国と二国間取決めを締結したり、あるいはロシアとウクライナ領土を分割するためにロシアと二国間の取決めを交わす」といったことを指します。

グリギエルは「これまでのアメリカの対外政策ではほとんど使われたことはないが」としながらも、**「ライバル国たちとの競争における経済面・戦略面での負担が明らかになるにつれて、『大取引《グランド・バーゲン》』への誘惑は増大するはずだ」**と述べたうえで、「過去の大国の経験が示唆しているように、**『大国間の取引』というのは一度始まったら止まらなくなる可**

能性がある。伝統的な同盟国との戦略面での信用を一度失ってしまえば、それを取り戻すことは難しく」、その利益は「一時的」なものでしかない、と「グランド・バーゲン」を否定します。そこでグリギエルが参照するのは、1930年代のイギリスの失敗（ナチスドイツに対する宥和政策）です。つまり、**ロシアや中国と「取引」しようとすることは、ヒトラーに譲歩したのと同様の惨事を招きかねない**、と警告するのです。

　ロシアや中国との「グランド・バーゲン」など、一見、荒唐無稽に感じられるでしょう。しかし、アメリカの戦略論者のなかでは、ウクライナ、イスラエルでの紛争にアメリカが関与するなかで、同時に、台湾で緊張が高まると、アメリカは三正面作戦を行うことになる、それはアメリカの国益に反する、として、**中国に対し、台湾問題で一定の譲歩をすることも検討すべきだ、という議論**もすでに登場しているのです。当然、こうした議論は超少数派ですが、ディールが大好きなトランプが再び政権の座に就いたとき、**「大取引」への誘惑にかられる危険性はゼロとはいえません。**さらに付け加えると、戦略論においては、**実際には起きる確率の低そうな事態でも、もしそれが起きたらどうなるかを予測し、対処法を考えておく**のも重要なことです。

台湾有事の確率は？

これに対し、「仮想敵」とされた中国は、どのような出方をするのでしょうか。ここで参考になるのは、**歴史上にみられる中国＝漢民族の戦略文化**です。

中国史を振り返ると、数多くの漢民族以外の異民族による王朝が支配してきたことが分かります。近いところでは満州族の清、モンゴル族の元、遡《さかのぼ》ると唐も鮮卑《せんぴ》族の拓跋《たくばつ》氏が建国したとされています。いずれも長期にわたり中国を治め、ユーラシア大陸に大帝国を打ち立てました。つまり、漢民族のコントロールに成功したのです。

このとき、漢民族はどう対応したか。彼らは**異民族の王朝によるコントロールに従います。そのうえで統治システムや文化を次第に漢化していきました。**異民族の支配下にあってもいたずらに反発せず、**じわじわとシステムを乗っ取っていく。**この漢民族の方法論が今の中国にも受け継がれているのではないか、それが私の仮説です。

第二次世界大戦後でいえば、まずはソ連の庇護《ひご》下で共産党政権をつくるが、マルクス主義には同化せず、毛沢東主義という「漢化」を行う。そして、今度は改革開放を掲げ、アメリカが主導する市場経済を受け入れたかと思うと、独自の国家資本主義を築いていく。問題は、この中国システムが、どのくらい他の国にも影響を与えることができるかでしょう。中国の難点は、国内統治にコストがかかりすぎることです。そのコントロールを他国にまで及ぼせるかは、未知数といえるでしょう。

そこで気になるのが、台湾有事です。中国がいつ台湾に手を出してくるのか。そのとき、アメリカをはじめとする西側諸国はどのように対応すべきか。

アメリカの戦略家たちの間では、**大きく言って2つの見方が存在しています。**

ひとつは、「中国の国力の発展は**すでにピークアウトしている。だからこそ危険だ**」というものです。すでに中国は人口でインドに抜かれ、２０２２年、２０２３年と２年連続で人口減少が起きています。一人っ子政策をやめたあとも、出生率は下げ止まっていません。輸出依存の経済は国際的な制裁に弱く、内需の拡大をはかった不動産・インフラ投資もバブル化して、経済不況に直面しています。だからこそ**国力が落ちてしまう前に、台湾の併合に挑む可能性がある、**という見方です。

もうひとつは、「中国はまだまだ発展する。**もっと国力が増大して、経済的にも軍事的にも台湾が抵抗できず、アメリカも手を出せない状況になるまで、軍事的には動かないだ**

ろう」という見方です。この立場をとる論者の多くは、「だからこそ同盟を強化しなければならない」と唱えています。今以上に強力になった中国を押さえ込むには、アメリカ一国では足りない。日本をはじめ中国に対抗する同盟をより緊密にする必要があります。

いずれにしても、中国が台湾、そして東シナ海、南シナ海に手を伸ばすことは、日本にとっても死活的利害に関わる問題です。「自由で開かれたインド太平洋」を守るためには、クワッドなどの連携強化は不可欠でしょう。さらに**個人的に提唱したいのは**、**中央アジア地域との連携**です。

歴史的に見て、ランドパワー国家中国が真に恐れているのは、内陸部の治安です。かつての王朝が滅びるとき、致命傷となったのは、ほとんど内陸部で起きた異民族の侵入や暴動・反乱でした。日本が中央アジア地域と今以上に密接な関係を築き、鉄道や道路といったインフラ整備などを支援するようになると、おそらく中国政府は神経を尖らせることでしょう。**平和的な援助であっても、中国の侵略的な海洋進出を牽制する有効な手法のひとつになり得る**と考えられます。

情報ギャップにご用心

最後に、アメリカの対外政策についての不安を2つ挙げたいと思います。さまざまな問題を抱えていますが、現時点で、アメリカが世界最強国であるという事実は揺るぎません。アメリカのあり方が世界に与える影響は、依然として大きいのです。**その最強国が何を考え、どのように行動するかは、地政学においても、やはり最大のテーマです。**

アメリカの外交政策における第一の懸念は、アメリカが**ある国を「敵」と認定すると、その地域研究が手薄になる傾向がある**ことです。「敵」認定することで、実際に現地で活動したり研究を行ったりするアメリカ人が「敵に通じている存在だ」と見なされて減ってしまうと、現場の情報が入りにくくなるのです。たとえば共産主義は敵であり、東南アジアの地域研究者たちを「共産主義に詳しい」という理由で遠ざけるようになると、政策面で**実情に即していない抽象的な理論が優位になります**。その代表例が、ベトナム戦争における**ドミノ理論**です。ある国で社会主義の政権ができると、ドミノ倒しのように、近隣国が次々に社会主義陣営に入ってしまう、という実証性に乏しい大ざっぱな理論によって、アメリカは過剰な軍事介入を行い、かえってベトナムを反米に追い込んでしまいました。9・11同時多発テロ以降の中東政策で、中東情勢に詳しくないネオコンが主導権を握ってしまったのも同様です。

これはオバマ政権下でのエピソードですが、２０１１年、リビアの独裁者カダフィの排除を目指し、国連安保理は軍事介入の決議を行い、アメリカ＋ＮＡＴＯの同盟軍が空爆を開始、カダフィも殺害されます。実は、同盟軍による介入以前に、リビアの内戦は収束に向かっていました。ところが、軍事介入によってカダフィ政権を壊滅させてしまうと、事態を収拾する勢力を失ったリビアは、内戦が終わらなくなり、ついには破綻国家となってしまったのです。

これには前例があります。イラク侵攻の前、戦略家のエドワード・ルトワックが意見を聞かれ、「**フセインを殺してもイラクは民主化できない**。彼らは宗派や部族で分かれていて、多数決による政治運営は不可能だ」と述べたところ、「お前はレイシスト（人種差別主義者）だ」という非難を浴びた、と回想しています。しかし、現地の実情をより理解していたのは、中東で軍事活動に携わった経験もあるルトワックのほうでした。

米中間でも、同様の情報不足による判断のミスが起こらないとはいえません。たとえばアメリカは半導体製造に関する対中規制を強めていますが、そのなかでアメリカは中国から、事実上の技術者引き上げなども行っています。

より深刻なのは、軍事部門での情報断絶です。これはむしろ中国側の問題ですが、「ミリタリーミリタリー」、通称「ミリミリ」とも呼ばれる軍隊と軍隊の間でつくるホットラインが、米中間には存在していない時期がありました。２０２３年６月にアメリカのブリンケン国務長官が中国を訪問した時も、**アメリカ側が「ミリミリ」の設置を呼び掛けたのですが、中国が拒否した**のです。その後、ホットラインは形の上では再開されましたが、ほとんど機能していません。

この訪問の前後にも、米中間で軍事的にピリッとする事件がいくつか起きていました。ひとつは、南シナ海の上空付近を飛行していた米空軍偵察機の目の前を、中国人民解放軍の戦闘機が横切った事件。もうひとつは米海軍のミサイル駆逐艦が、カナダ海軍のフリゲート艦と台湾海峡で「航行の自由作戦」を行っていたところに、中国側の艦船がわずか約１４０メートルの距離で横切った事件。いずれも一歩間違えば、大事故となりかねません。こうしたときに、最低限、両国の軍事当事者が情報を交換できるホットラインが必要なのです。でないと、**偶発的な事故でも、意図的な攻撃としか解釈できず、さらに緊張がエス**

カレートする危険性があるからです。

このように関係が敵対的になると、互いの情報も入ってきにくくなる。それがますます事態の収拾を難しくする可能性があるのです。**情報の歪みは、「世界観」の歪みにつながります。頭に正しい地図を描くには、絶え間ない実地調査と情報更新が不可欠**です。

自国のコントロールも必要

第二の懸念は、安全保障において難しいとされる、国内のコントロールです。

勝利は喝采を受けるが、妥協は憎まれる。第一次世界大戦後、連合国側がドイツに過大な賠償金を要求したように、**敗者に苛烈な制裁を加えることは戦勝国の国内世論には歓迎されますが、戦後のコントロールにとっては大きなマイナス**となります。現に、このときの戦後処理の失敗が、結局、第二次世界大戦を招いたのです。

あるいは日露戦争のケースを思い浮かべてもよいでしょう。大国ロシアとの戦いは、日本にとって国力を傾けたギリギリの勝利でした。**ロシアとの早期講和こそ、日本にとって最善の「コントロール」だった**のです。しかし、当時の日本国民は、苦しい戦いだったからこそ、賠償金など多大な「見返り」を求めます。そこで、実際に講和に携わった政局担当者との間に深刻な齟齬《そご》が生じました。その国民の不満は、日比谷焼打事件などの暴動に発展してしまいます。

このように、「コントロール」とは高度に政治的で、かつ**国家理性に基づいて大局を見通し、長期的な判断を下さなくてはならない**、きわめて知的な戦略なのです。それを実現するためには、戦争の相手国だけではなく、自国民の説得、合意形成といったコントロールも必要となります。

それが今のアメリカに期待できるでしょうか？　トランプ前大統領は、大統領選での敗北を認めることができず（ニューヨーク州地裁では「過ちを認める能力がない」と判定されました）、議会襲撃を扇動した前科を持つ人物です。戦争の究極の目的である「コントロール」、すなわち秩序の構築と維持を果たすためには、自国のコントロール、さらには指導者自身の自己コントロールも求められるのです。

トランプがどのような「世界地図」を頭に描いているか？　それは、現代の地政学最大の問題ともいえるでしょう。

おわりに

以上で、地政学と呼ばれる戦略的な考え方のエッセンスの部分の説明を終えることにする。本書では他の類書とは違って、地政学における「通り道」や「世界観」の重要性を強調してきたつもりだが、それがどこまで成功したかは読者のみなさんのご判断に任せるしかない。

何度も繰り返すが、地政学は「学問」ではない。ところが私が研究してきた「古典地政学」という分野の知識は、伝統的に「大国」と呼ばれてきた国を動かしてきた政治家や学者たちにとってはある程度共有されてきた知識の集合体のようなものであり、一定の「世界の見方」として、いまだに説得力を持ち、これらの知識をベースに国家戦略が語られているのは否定できない事実だ。

そして本書をお読みいただければお分かりの通り、その本質というのはけっして難しくなく、地理という国際政治においてあまり変化しない要素、つまり大きな構造や条件を考慮に入れているために、細かいところは分からないが、それでも大きな方向性は見通せるということになる。

非常に卑近な表現かもしれないが、地域の治安や人間関係の争いを「土地争い」の観点から見ていくようなものだ。平時には「土地」というのは近所の人間関係にはほとんど影響を与えないが、仲が悪くなってくると不動産や管理している土地が近所の人間同士の争いのタネになる。もちろん土地だけで全てが分かるわけではないが、それでも変わりにくい要素として効いてくることは、本書の中身を読み進めるうちにお分かりいただけると思う。

最後に一言述べておかなければならないことがある。それは「地政学」が現在の日本で大いにもてはやされているような状況についてである。

私は「地政学・戦略学者」という肩書でこの地政学（正確には古典地政学）というものを長年研究してきたし、それが注目されたり、それについて書いた記事や本が読まれたり売れたりするのは個人的には喜ばしいことだと思っている。ところがこれが注目されることについて、私は実に複雑な気持ちを抱いている。なぜなら私は、地政学がブームになっていることについては、喜ばしいことだとは考えていないからだ。というのも、地政学という考え方が脚光を浴びる時代というのは、えてして国際政治の状況が悪化している時期にほかならないからである。

日本の歴史を見ても、地政学が最初に注目されたのは戦前・戦中の1930年代から1940年代にかけてであったし、2度目のブームは第二次冷戦が本格化した1980年代のはじめであった。そして3度目となる現在のブームは、アメリカのイラク侵攻前後、「アメリカ一極時代」が終わりを告げる2002年頃から続くものだ。端的にいえば、地政学が注目される時代というのは、先の読めない不安で緊張が高まった時代なのだ。

当然ながら、私は平和を願う一人の日本国民でしかない。ただしその平和の理想も、逆説的ではあるが、日本の周辺にある大国たちの戦略の考え方の基礎にある「地政学的な考え方」を土台にしないと何も論じることができないのではないか。このようなパラドックスを、読者のみなさんと共有したいというのが本書の執筆動機にある。国際政治の戦略的な面を理解していただくことを祈念して——。

紀尾井町の喫茶店にて
令和6年3月8日

奥山真司（おくやま　まさし）

1972年生まれ。カナダのブリティッシュコロンビア大学卒業。英レディング大学大学院で戦略論の第一人者、コリン・グレイに師事、博士課程を修了。戦略学博士（Ph.D）。国際地政学研究所上席研究員。多摩大学大学院客員教授。著書に『サクッとわかるビジネス教養　地政学』（監修）など。訳書に『中国4.0』（エドワード・ルトワック著）、『大国政治の悲劇』（ジョン・J・ミアシャイマー著）など多数。

文春新書

1427

世《せ》界《かい》最《さい》強《きよう》の地《ち》政《せい》学《がく》

2024年4月20日　第1刷発行

著　者　　奥　山　真　司
発行者　　大　松　芳　男
発行所　株式会社　文　藝　春　秋

〒102-8008　東京都千代田区紀尾井町3-23
電話（03）3265-1211（代表）

印刷所　　理　想　社
付物印刷　大日本印刷
製本所　　大　口　製　本

定価はカバーに表示してあります。
万一、落丁・乱丁の場合は小社製作部宛お送り下さい。
送料小社負担でお取替え致します。

ISBN978-4-16-661427-1